DIREITO DO TRABALHO NO STF

14

GEORGENOR DE SOUSA FRANCO FILHO

*Juiz Togado do Tribunal Regional do Trabalho da 8ª Região,
Doutor em Direito pela Faculdade de Direito da Universidade de São Paulo,
Professor Titular de Direito Internacional e de Direito do Trabalho
da Universidade da Amazônia, Presidente Honorário da Academia Nacional
de Direito do Trabalho, Membro da Academia Paraense de Letras,
da Sociedade Brasileira de Direito Internacional
e da International Law Association*

DIREITO DO TRABALHO NO STF

14

LTr 75

EDITORA LTDA.

© Todos os direitos reservados

Rua Jaguaribe, 571
CEP 01224-001
São Paulo, SP — Brasil
Fone (11) 2167-1101

Produção Gráfica e Editoração Eletrônica: GRAPHIEN DIAGRAMAÇÃO E ARTE
Capa: FÁBIO GIGLIO
Impressão: ASSAHI GRÁFICA E EDITORA
LTr 4444.4
Junho, 2011

Visite nosso site
www.ltr.com.br

Dados Internacionais de Catalogação na Publicação (CIP)
(Câmara Brasileira do Livro, SP, Brasil)

Franco Filho, Georgenor de Sousa
    Direito do trabalho no STF, 14 / Georgenor de Sousa Franco Filho.
— São Paulo : LTr, 2011.

    Bibliografia
    ISBN 978-85-361-1765-2

    1. Direito do trabalho 2. Direito do trabalho — Brasil 3. Brasil.
Supremo Tribunal Federal I. Título.

11-05326   CDU-34:331:347.991(81)

Índice para catálogo sistemático:
1. Brasil : Direito do trabalho : Supremo
Tribunal Federal   34:331:347.991(81)

PRINCIPAIS OBRAS DO AUTOR

De autoria exclusiva

1. *Direito do mar.* Belém: Imprensa Oficial do Estado do Pará, 1974 (esgotado).
2. *A proteção internacional aos direitos humanos.* Belém: Imprensa Oficial do Estado do Pará, 1975 (esgotado).
3. *O pacto amazônico: ideias e conceitos.* Belém: Falângola, 1979 (esgotado).
4. *Imunidade de jurisdição trabalhista dos entes de Direito Internacional Público* (Prêmio "Oscar Saraiva" do Tribunal Superior do Trabalho). São Paulo: LTr, 1986 (esgotado).
5. *Na vivência do Direito Internacional.* Belém: Cejup, 1987 (esgotado).
6. *Na Academia:* imortal por destino. Mosaico cultural (em colaboração). Belém: Falângola, 1987 (esgotado).
7. *Guia prático do trabalho doméstico.* Belém: Cejup, 1989.
8. *A arbitragem e os conflitos coletivos de trabalho no Brasil.* São Paulo: LTr, 1990 (esgotado).
9. *Liberdade sindical e direito de greve no direito comparado (lineamentos).* São Paulo: LTr, 1992.
10. *Relações de trabalho na Pan-Amazônia: a circulação de trabalhadores* (Tese de Doutorado na Faculdade de Direito da Universidade de São Paulo). São Paulo: LTr, 1996.
11. *A nova lei de arbitragem e as relações de trabalho.* São Paulo: LTr, 1997.
12. *Globalização & desemprego:* mudanças nas relações de trabalho. São Paulo: LTr, 1998.
13. *Direito do Trabalho no STF (1).* São Paulo: LTr, 1998.
14. *Competência Internacional da Justiça do Trabalho.* São Paulo: LTr, 1998.
15. *O servidor público e a reforma administrativa.* São Paulo: LTr, 1998.
16. *Direito do Trabalho no STF (2).* São Paulo: LTr, 1999.
17. *Tratados internacionais.* São Paulo: LTr, 1999.
18. *Direito do Trabalho no STF (3).* São Paulo: LTr, 2000.
19. *Globalização do trabalho:* rua sem saída. São Paulo: LTr, 2001.
20. *Direito do Trabalho no STF (4).* São Paulo: LTr, 2001.
21. *Direito do Trabalho no STF (5).* São Paulo: LTr, 2002.
22. *Direito do Trabalho no STF (6).* São Paulo: LTr, 2003.
23. *Direito do Trabalho no STF (7).* São Paulo: LTr, 2004.
24. *Ética, Direito & Justiça.* São Paulo: LTr, 2004.
25. *Direito do Trabalho no STF (8).* São Paulo: LTr, 2005.
26. *Direito do Trabalho no STF (9).* São Paulo: LTr, 2006.
27. *Trabalho na Amazônia:* a questão dos migrantes. Belém: Unama, 2006.
28. *Direito do Trabalho no STF (10).* São Paulo: LTr, 2007
29. *Direito do Trabalho no STF (11).* São Paulo: LTr, 2008.

30. *Direito do Trabalho no STF (12)*. São Paulo: LTr, 2009.
31. *Avaliando o Direito do Trabalho*. São Paulo: LTr, 2010.
32. *Direito do Trabalho no STF (13)*. São Paulo: LTr, 2010.

Obras coordenadas

1. *Direito do trabalho e a nova ordem constitucional*. São Paulo: LTr, 1991.
2. *Curso de direito coletivo do trabalho (Estudos em homenagem ao Ministro Orlando Teixeira da Costa)*. São Paulo: LTr, 1998.
3. *Presente e futuro das relações de trabalho (Estudos em homenagem ao Prof. Roberto Araújo de Oliveira Santos)*. São Paulo: LTr, 2000.
4. *Direito e processo do trabalho em transformação (*em conjunto com os Ministros Ives Gandra da Silva Martins Filho e Maria Cristina Irigoyen Peduzzi e os Drs. Ney Prado e Simone Lahorgue Nunes). São Paulo: Campus/Elsevier, 2007.
5. *Trabalho da mulher (Estudos em homenagem à jurista Alice Monteiro de Barros)*. São Paulo: LTr, 2009.

Obras em coautoria

1. *Estudos de direito do trabalho* (*homenagem ao Prof. Júlio Malhadas*) (Coordenação: Profª Anna Maria de Toledo Coelho). Curitiba: Juruá, 1992.
2. *Processo do trabalho (homenagem ao Prof. José Augusto Rodrigues Pinto)* (Coordenação: Dr. Rodolfo Pamplona Filho). São Paulo: LTr, 1997.
3. *Estudos de direito do trabalho e processo do trabalho (homenagem ao Prof. J. L. Ferreira Prunes)* (Coordenação: Drs. Juraci Galvão Júnior e Gelson de Azevedo). São Paulo: LTr, 1998.
4. *Manual de direito do trabalho (homenagem ao Prof. Cássio Mesquita Barros Júnior)* (Coordenação: Dr. Bento Herculano Duarte Neto). São Paulo: LTr, 1998.
5. *Direito internacional no Terceiro Milênio (homenagem ao Prof. Vicente Marotta Rangel*) (Coordenação: Profs. Luiz Olavo Baptista e J. R. Franco da Fonseca). São Paulo: LTr, 1998.
6. *Direito do Trabalho (homenagem ao Prof. Luiz de Pinho Pedreira da Silva)* (Coordenação: Drs. Lélia Guimarães Carvalho Ribeiro e Rodolfo Pamplona Filho). São Paulo: LTr, 1998.
7. *Estudos de Direito (homenagem ao Prof. Washington Luiz da Trindade)* (Coordenação: Drs. Antônio Carlos de Oliveira e Rodolfo Pamplona Filho). São Paulo: LTr, 1998.
8. *Direito sindical brasileiro* (*homenagem ao Prof. Arion Sayão Romita*) (Coordenação: Dr. Ney Prado). São Paulo: LTr, 1998.
9. *Ordem econômica e social (homenagem ao Prof. Ary Brandão de Oliveira*) (Coordenação: Dr. Fernando Facury Scaff). São Paulo: LTr, 1999.
10. *Fundamentos do direito do trabalho (homenagem ao Ministro Milton de Moura França)* (Coordenação: Drs. Francisco Alberto da Motta Peixoto Giordani, Melchíades Rodrigues Martins e Tárcio José Vidotti). São Paulo: LTr, 2000.
11. *Temas relevantes de direito material e processual do trabalho (homenagem ao Prof. Pedro Paulo Teixeira Manus)* (Coordenação: Drs. Carla Teresa Martins Romar e Otávio Augusto Reis de Sousa). São Paulo: LTr, 2000.
12. *Os novos paradigmas do Direito do Trabalho (homenagem ao Prof. Valentin Carrion)* (Coordenação: Dra. Rita Maria Silvestre e Prof. Amauri Mascaro Nascimento). São Paulo: Saraiva, 2001.
13. *O direito do trabalho na sociedade contemporânea* (Coordenação: Dras. Yone Frediani e Jane Granzoto Torres da Silva). São Paulo: Jurídica Brasileira, 2001.

14. *Estudos de direito constitucional (homenagem ao Prof. Paulo Bonavides)* (Coordenação: Dr. José Ronald Cavalcante Soares). São Paulo: LTr, 2001.

15. *O direito do trabalho na sociedade contemporânea (II)* (Coordenação: Profa. Yone Frediani). São Paulo: Jurídica Brasileira, 2003.

16. *Constitucionalismo social (homenagem ao Ministro Marco Aurélio Mendes de Farias Mello)* (Coordenação: EMATRA-2ª). São Paulo: LTr, 2003.

17. *Recursos trabalhistas (homenagem ao Ministro Vantuil Abdala)* (Coordenação: Drs. Armando Casimiro Costa e Irany Ferrari). São Paulo: LTr, 2003.

18. *Relações de Direito Coletivo Brasil-Itália* (Coordenação: Yone Frediani e Domingos Sávio Zainaghi). São Paulo: LTr, 2004.

19. *As novas faces do direito do trabalho (em homenagem a Gilberto Gomes)* (Coordenação: João Alves Neto). Salvador: Quarteto, 2006.

20. *Curso de Direito Processual do Trabalho (em homenagem ao Ministro Pedro Paulo Teixeira Manus, do Tribunal Superior do Trabalho)* (Coordenação: Hamilton Bueno). São Paulo: LTr, 2008.

21. *Jurisdição — crise, efetividade e plenitude institucional (volume 2)* (Coordenação: Luiz Eduardo Günther). Curitiba: Juruá, 2009.

22. *Direito internacional: estudos em homenagem a Adherbal Meira Mattos* (Coordenação: Paulo Borba Casella e André de Carvalho Ramos). São Paulo: Quartier Latin, 2009.

23. *Meio ambiente do trabalho* (Coordenação: Elida Seguin e Guilherme José Purvin de Figueiredo). Rio de Janeiro: GZ Ed., 2010.

24. *Jurisdição — crise, efetividade e plenitude institucional (volume 3)* (Coordenação: Luiz Eduardo Günther, Willians Franklin Lira dos Santos e Noeli Gonçalves Gunther) Curitiba: Juruá, 2010.

25. *Contemporaneidade e trabalho (aspectos materiais e processuais; estudos em homenagem aos 30 anos da Amatra 8)* (Coordenação: Gabriel Velloso e Ney Maranhão). São Paulo: LTr, 2011.

Prefácios

1. *Limites do jus variandi do empregador*, da Profa. Simone Crüxen Gonçalves, do Rio Grande do Sul (São Paulo: LTr, 1997).

2. *Poderes do juiz do trabalho:* direção e protecionismo processual, do Juiz do Trabalho da 21ª Região Bento Herculano Duarte Neto, do Rio Grande do Norte (São Paulo: LTr, 1999).

3. *O Direito do Trabalho na sociedade moderna* (obra póstuma), do Ministro Orlando Teixeira da Costa, do Tribunal Superior do Trabalho, de Brasília (São Paulo: LTr, 1999).

4. *Direito Sindical*, do Procurador do Trabalho José Cláudio Monteiro de Brito Filho, do Pará (São Paulo: LTr, 2000).

5. *As convenções da OIT e o Mercosul*, do Professor Marcelo Kümmel, do Rio Grande do Sul (São Paulo: LTr, 2001).

6. *O direito à educação e as Constituições brasileiras*, da Professora Eliana de Souza Franco Teixeira, do Pará (Belém: Grapel, 2001).

7. *Energia elétrica:* suspensão de fornecimento, dos Professores Raul Luiz Ferraz Filho e Maria do Socorro Patello de Moraes, do Pará (São Paulo: LTr, 2002).

8. *Discriminação no trabalho*, do Procurador do Trabalho José Cláudio Monteiro de Brito Filho, do Pará (São Paulo: LTr, 2002).

9. *Discriminação estética e contrato de trabalho*, da Professora Christiane Marques, de São Paulo (São Paulo: LTr, 2002).

10. *O poeta e seu canto*, do Professor Clóvis Silva de Moraes Rego, ex-Governador do Estado do Pará (Belém, 2003).

11. *O direito ao trabalho da pessoa portadora de deficiência e o princípio constitucional da igualdade*, do Juiz do Trabalho da 11ª Região Sandro Nahmias Mello, do Amazonas (São Paulo: LTr, 2004).

12. *A prova ilícita no processo do trabalho*, do Juiz Togado do TRT da 8ª Região Luiz José de Jesus Ribeiro, do Pará (São Paulo: LTr, 2004).

13. *Licença maternidade à mãe adotante:* aspectos constitucionais, do Juíza Togada do TRT da 2ª Região e Professora Yone Frediani, de São Paulo (São Paulo: LTr, 2004).

14. *Ventos mergulhantes,* do poeta paraense Romeu Ferreira dos Santos Neto (Belém: Pakatatu, 2007).

15. *Direito Sindical*, 2ª edição, do Procurador do Trabalho da 8ª Região, Prof. Dr. José Claudio Monteiro de Brito Filho (São Paulo: LTr, 2007).

16. *A proteção ao trabalho penoso*, da Profa. Christiani Marques, da PUC de São Paulo (São Paulo: LTr, 2007).

17. *Regime próprio da Previdência Social*, da Dra. Maria Lúcia Miranda Alvares, Assessora Jurídica do TRT da 8ª Região (São Paulo: NDJ, 2007).

18. *Meninas domésticas, infâncias destruídas*, da Juíza do Trabalho da 8ª Região e Profa. Maria Zuíla Lima Dutra (São Paulo: LTr, 2007).

19. *Curso de Direito Processual do Trabalho (em homenagem ao Ministro Pedro Paulo Teixeira Manus, do Tribunal Superior do Trabalho)* (Coordenação: Hamilton Bueno). São Paulo: LTr, 2008.

20. *Competências constitucionais ambientais e a proteção da Amazônia*, da Profa. Dra. Luzia do Socorro Silva dos Santos, Juíza de Direito do Pará e Professor da Unama (Belém: Unama, 2009).

21. *Extrajudicialização dos Conflitos de Trabalho*, do Prof. Fábio Túlio Barroso, da Universidade Federal de Pernambuco (São Paulo: LTr, 2010).

22. *Polêmicas trabalhistas*, de Alexei Almeida Chapper, Advogado no Estado do Rio Grande do Sul (São Paulo: LTr, 2010).

*El peligro para el futuro de los derechos fundamentales
y de sus garantías depende hoy
no sólo la crisis del derecho sino también
de la crisis de la razon jurídica.*

Luigi Ferrajoli *(Derechos y garantías)*

*À família, Elza e nossos filhos,
Carolina e Georgenor Neto.*

SUMÁRIO

INTRODUÇÃO 13

PARTE I — DIREITOS INDIVIDUAIS 15
   1. Adicional de insalubridade. Base de cálculo 17
   2. Dispensa imotivada. Indenização de 50% 22
   3. Gratificação percebida por cinco anos. Direito à incorporação 24
   4. Isonomia. Aposentados X Ativos. Impossibilidade 33
   5. Radiologista. Remuneração. Vinculação ao salário mínimo 38
   6. Responsabilidade subsidiária. Súmula n. 331, IV, do TST... 41

PARTE II — DIREITOS COLETIVOS 47
   1. Associação e sindicato. Direito de registro 49
   2. Greve 51

PARTE III — DIREITO PROCESSUAL 67
   1. Acordão. Fundamentação 69
   2. Direito de defesa. Crítica à sentença. Direito do advogado. 71
   3. Sustentação oral. Advogado. ADIn 75
   4. Execução. Prescrição. Prazo 76

PARTE IV — SERVIÇO PÚBLICO 81
   1. CNJ. Atividade censória. Possibilidade 83
   2. Redutor salarial. Agentes fiscais de renda 100
   3. Servidor do Ministério Público Estadual. Exercício da advocacia 101

PARTE V — PREVIDÊNCIA SOCIAL 109
   1. Desaposentação. Recálculo 111
   2. Direito à saúde. Contribuição previdenciária. Repercussão geral 114
   3. Vale-transporte. Pagamento em dinheiro. Validade. Não incidência de contribuição previdenciária 116

PARTE VI — OUTROS TEMAS 119
   1. Ministério Público. Poder investigatório 121
   2. Súmulas vinculantes do STF sobre matéria trabalhista 123

ÍNDICES 129
Índice geral 131
Índice dos julgados publicados na coletânea 133
Índice dos Ministros do STF prolatores dos julgados citados 155
Índice temático 157

INTRODUÇÃO

Este é o volume 14 de *Direito do Trabalho no STF*. A coleta de julgados relevantes é sedutora e paciente. A cada dia, novos contornos surgem para as questões trabalhistas, as normas legais reguladoras, sua aplicação e, corolário, eventuais violações das regras que, por uma via ou por outra, permitem que os jurisdicionados alcancem o Supremo Tribunal Federal, na busca do que entendem ser seu direito.

Neste volume, selecionei pouco mais de vinte julgados. Encaro que a relevância de alguns temas tratados qualificam melhor uma coletânea, que a simples colheita quantitativa de precedentes.

Tarefas desse jaez não são fáceis, e aqui, escolhi, uma a uma, as decisões que, segundo a avaliação que tenho feito ao longo desses quase três lustros, são expressivas para as relações de trabalho em geral no Brasil.

Alguns julgados são extremamente importantes. Dentre outros: o que reduz para cinco anos o período necessário para impossibilitar supressão de gratificação paga com habitualidade (MS n. 26.117-0-MS), o que reconhece o direito que possui o advogado de criticar a sentença recorrida (HC n. 98.237-SP), o que aprecia a atividade censória do Conselho Nacional de Justiça na apuração da responsabilidade disciplinar de magistrados (MS n. 28.801-MS), o que cuida da manutenção da natureza jurídica do vale-transporte ainda quando pago *in pecunia* (RE n. 478.410-SP), ou o que trata da legitimidade do poder investigatório do Ministério Público (HC n. 93.930-RJ), foram selecionados e estão neste volume. Tais precedentes são avanço na jurisprudência nacional e se revelam de grande importância para o dia a dia forense.

Almejo que este volume 14 ofereça uma visão bastante expressiva dos posicionamentos, alguns de vanguarda, do Excelso Pretório, adotados no ano 2010, na sua condição de intérprete maior da Constituição da República.

Como em outras oportunidades, devo registrar meus agradecimentos a Armando Casimiro Costa, esse *Mecenas* do Direito do Trabalho, e aos amigos que formam a família LTr, pela acolhida sempre carinhosa de sempre nessa grande querida e sempre amada São Paulo, e a renovação do meu amor maior por Elza, minha mulher, e Carolina e Georgenor Neto, nossos filhos.

Belém, janeiro 2011.

Georgenor de Sousa Franco Filho

PARTE I

DIREITOS INDIVIDUAIS

1. ADICIONAL DE INSALUBRIDADE. BASE DE CÁLCULO[1]

Ao apreciar a RCL n. 10.164-SP[2], o Min. Gilmar Mendes negou-lhe, por despacho de 11.11.2010, seguimento por verificar não se tratar de ofensa à Súmula Vinculante n. 4, segundo a qual o salário mínimo é inservível como base de cálculo do adicional de insalubridade. O noticiário acerca do tema é o seguinte:

> *O ministro Gilmar Mendes, do Supremo Tribunal Federal (STF), é o relator da Reclamação (Rcl) 10164, ajuizada por três servidoras da Prefeitura do município de Presidente Prudente (SP), que tentam restabelecer a aplicação da base de cálculo do adicional de insalubridade sobre seus vencimentos. Desde a promulgação da Lei Complementar (LC) n. 126/2003, o cálculo da vantagem devida às reclamantes tem sido feito com base no salário mínimo.*
>
> *A Reclamação foi proposta no Supremo contra decisão do juiz da 5ª Vara Cível da Comarca do município paulista. Ele negou a pretensão de auxiliar odontológico e auxiliares de enfermagem de que fosse declarada a inconstitucionalidade da norma complementar, que estabeleceu a alteração da base de cálculo de adicional de insalubridade.*
>
> *A LC 126/2003 ainda determinou a revogação dos artigos 81 e 84 da LC n. 5/1991 (que dispõe sobre o Regime Jurídico Único dos Servidores da Prefeitura Municipal de Presidente Prudente), e a LC n. 34/1996, segundo a qual o cálculo do adicional deveria ser feito com base no vencimento do cargo público.*

---

[1] V., nesta coletânea, sobre esse tema: v. 2, p. 15; v. 3, p. 13; v. 7, p. 17; v. 10, p. 19; v. 11, p. 17; v. 12, p. 17; v. 13, p. 19.

[2] RCL n. 10.164-SP, de 11.11.2010 (Maria Cristina dos Santos e outro (A/S) vs. Juiz de Direito da 5ª Vara Cível da Comarca de Presidente Prudente. Intdo:. Município de Presidente Prudente. Relator: Min Gilmar Mendes).

As autoras alegaram que a LC 126/2003 teria infringido o artigo 7º, inciso IV (que dispõe sobre o salário mínimo), e o artigo 37, inciso XV (que assegura a irredutibilidade de vencimentos dos cargos públicos), todos da Constituição Federal. A norma também teria afrontado a Súmula Vinculante n. 4 do STF, que proíbe o uso do salário mínimo como indexador de base de cálculo de vantagem de servidor público ou de empregado, salvo nos casos previstos na Carta Magna.

As reclamantes ainda pleitearam na ação ajuizada perante a 5ª Vara Cível de Presidente Prudente o efeito repristinatório (restabelecimento de lei aparentemente revogada, que ocorre quando a norma que a revogou é declarada inconstitucional) dos artigos 81 e 84 da LC n. 5/1991. O mesmo pedido foi feito em relação à LC n. 34/1996, segundo a qual o cálculo do adicional deveria ser feito com base no vencimento do cargo público.

Como os pedidos foram julgados improcedentes, as reclamantes ajuizaram no STF a presente Reclamação, com pedido de liminar.

Pedidos

Com base no Regimento Interno do STF, as servidoras pedem a suspensão do curso do Processo n. 2213/2009, em tramitação na 5ª Vara Cível de Presidente Prudente, e a cassação da decisão do magistrado de primeiro grau, "por afrontar a Súmula Vinculante n. 4 do STF, e usurpar, com isto, a sua competência e jurisdição".

Pedem também que seja reformada a decisão do juiz, determinando o retorno da base de cálculo do adicional de insalubridade sobre o vencimento do cargo efetivo, em conformidade com as Leis Complementares 5/1991 e 34/1996.[3]

O despacho tem o seguinte teor:

Trata-se de reclamação, com pedido de liminar, ajuizada contra sentença proferida pelo Juízo da 5ª Vara Civil da Comarca de Presidente Prudente, por suposta violação à Súmula Vinculante n. 4 do STF.

---

[3] Disponível em: <http://www.stf.jus.br/portal/cms/verNoticiaDetalhe.asp?idConteudo=153389>. Acesso em: 24.10.2010.

Na origem, ação ordinária de cobrança c/c obrigação de fazer foi ajuizada pelas reclamantes, servidoras municipais, a fim de obter decisão judicial que declarasse a inconstitucionalidade de artigos da Lei Complementar n. 126/2003, do Município de Presidente Prudente, por suposta afronta ao art. 7º, IV, da Constituição, reconhecendo-se o efeito repristinatório de dispositivos das revogadas Leis Complementares ns. 5/91 e 34/96. Em suma, pretendiam as reclamantes que o cálculo do adicional de insalubridade tivesse como base o vencimento do cargo público. O magistrado de primeiro grau julgou improcedente a ação, decisão que foi objeto de embargos de declaração opostos pelas reclamantes. Os embargos foram acolhidos apenas para esclarecer a impossibilidade de modificação da base de cálculo do adicional de insalubridade por meio de decisão judicial. A presente reclamação foi proposta contra essa decisão nos embargos de declaração.

Alegam as reclamantes que a decisão atacada viola o teor da Súmula Vinculante n. 4 do Supremo Tribunal Federal, a qual dispõe que "salvo nos casos previstos na Constituição, o salário mínimo não pode ser usado como indexador de base de cálculo de vantagem de servidor público ou de empregado, nem ser substituído por decisão judicial". Sustentam que os artigos 1º e 12 da LC n. 126/2003, por contrariarem o enunciado sumular, deveriam ter sido declarados inconstitucionais pelo juízo reclamado, e que, dessa forma, a legislação anterior revogada, a qual previa como base de cálculo do adicional de insalubridade os vencimentos do servidor público municipal, deveria ser repristinada e aplicada à situação específica das reclamantes.

O pedido de medida liminar é para que o processo na primeira instância seja suspenso e o pedido final para que a decisão reclamada seja cassada.

O Juízo da 5ª Vara Cível da Comarca de Presidente Prudente prestou informações, nas quais esclarece que, ao contrário do que sustentado pelas reclamantes, a decisão observou a Súmula Vinculante n. 4 do STF.

Decido.

A reclamação é manifestamente improcedente. Não ficou comprovada a alegada afronta à Súmula Vinculante n. 4 do STF.

A autoridade reclamada julgou improcedente o pedido das reclamantes tendo em vista que não poderia, por decisão judicial, fixar a base de cálculo do adicional de insalubridade, o que está em conformidade com o enunciado sumular. Nesse sentido, destaco trechos das informações prestadas pelo Juízo reclamado:

"(...) Analisando as razões expostas pelas reclamantes, esclareço com a devida permissão desse Egrégio Tribunal, sob cujo julgamento a questão se encontra, que a sentença não contrariou a Súmula n. 04 do Supremo Tribunal Federal, mas, ao contrário, teve como fundamento o que dispõe a referida súmula.

Reconheceu o Juízo que havia um vácuo jurídico na regulamentação da questão da base de cálculo dos adicionais de insalubridade, porquanto a lei que a normatizava era contrária à Súmula 4, mas que não cabia ressuscitar lei já revogada para fundamentar o pedido das autoras.

Isso porque o Poder Judiciário, em razão da vedação contida no artigo 37, inciso X, da Constituição Federal, não pode fixar ou alterar valores referentes à remuneração dos servidores. Tal alteração só é cabível por meio de lei específica concebida para essa finalidade, de modo geral, por iniciativa privativa do Poder Público ao qual se subordinam os autores.

Da leitura da Súmula 4, pode-se concluir que o salário mínimo não pode ser usado como indexador de base de cálculo de vantagem de servidores, mas a parte final do texto deixa claro que, no caso de existir lei prevendo o uso do salário mínimo, este critério não pode ser substituído por decisão judicial. Isso significa que, embora inconstitucional pela sua incompatibilidade com a Constituição Federal de 1988, a Lei Complementar Municipal n. 126/2003 continua em vigor até que surja nova lei que a substitua.

Destarte, além de não ser permitido ao Poder Judiciário invadir a esfera de competência de outros poderes a respeito da fixação ou alteração de remuneração ou vantagem de servidores, por força do que dispõe o artigo 37, inciso X, da Constituição Federal, existe a vedação de se substituir, por decisão judicial, o salário mínimo como base de cálculo de vantagem de servidor, nos termos da parte final da Súmula Vinculante n. 4 do Pretório Excelso.

Desta feita a Sentença de primeiro grau não ofende a Súmula Vinculante n. 4."

A decisão, nesses termos, está em consonância com a jurisprudência do STF, da qual destaco o seguinte julgado:

CONSTITUCIONAL. DIREITO DO TRABALHO. AGRAVO REGIMENTAL EM AGRAVO DE INSTRUMENTO. ADICIONAL DE INSALUBRIDADE. SUBSTITUIÇÃO. IMPOSSIBILIDADE. SÚMULA VINCULANTE 4. ART. 7º, IV, DA CF. 1. O Plenário deste Supremo Tribunal Federal, ao julgar o RE 565.714/SP, na mesma oportunidade em que aprovou a Súmula Vinculante 4, decidiu pela impossibilidade de ser estabelecido, como base de cálculo para o adicional de insalubridade a remuneração ou salário-base em substituição ao salário mínimo, por concluir que é inviável ao Poder Judiciário modificar tal indexador, sob o risco de atuar como legislador positivo. Precedentes. 2. Agravo regimental improvido.

(AI 469332 AgR, Relator(a): Min. ELLEN GRACIE, Segunda Turma, julgado em 15/09/2009, DJe-191 DIVULG 08/10/2009 PUBLIC 09/10/2009 EMENT VOL-02377-04 PP-00690)

A análise dos autos permite verificar que a autoridade reclamada apenas não acolheu uma pretensão que visava, pela via oblíqua de uma declaração de inconstitucionalidade com efeito repristinatório de legislação revogada, ressuscitar antigo critério de cálculo de adicional de insalubridade.

Ante o exposto, nego seguimento à reclamação (art. 21, § 1º, RI-STF).

Publique-se.[4]

---

[4] Disponível em: <http://www.stf.jus.br/portal/processo/verProcessoAndamento.asp>. Acesso em: 26.12.2010.

2. DISPENSA IMOTIVADA. INDENIZAÇÃO DE 50%

Importante decisão tomou o Excelso Pretório no julgamento do RE n. 264.434-MG[5], a 17.11.2010, em acórdão da lavra da Min. Cármen Lúcia. Na ocasião, o Pleno do STF entendeu devida a indenização de 50% em caso de dispensa imotivada de trabalhador, ocorrida na fase de transição para o Real, manifestando-se pela constitucionalidade da Lei n. 8.880/1994. O registro noticioso está transcrito a seguir:

> Por maioria, o Plenário do Supremo Tribunal Federal (STF) negou provimento, nesta quarta-feira (17), ao Recurso Extraordinário (RE) 264434, interposto pela Fiat Automóveis contra acórdão do Tribunal Superior do Trabalho (TST), que manteve decisão do Tribunal Regional do Trabalho da 3ª Região (TRT-3) e determinou o pagamento de indenização adicional de 50% do salário por uma demissão sem justa causa.
>
> Os tribunais trabalhistas entenderam constitucional o artigo 31 da Lei 8.880/94, que instituiu o Programa de Estabilização Econômica e o Sistema Monetário Nacional, bem como criou a Unidade Real de Valor (URV), precursora do Real. Também julgaram constitucional a Medida Provisória (MP) 434/94, consolidada por essa lei.
>
> No recurso, a montadora alegava justamente que a Lei 8.880/94 fere dispositivos constitucionais que exigem lei complementar para fixação de indenização referente a dispensa sem justa causa diferente dos 40% prevista na Lei n. 5.107/66 e no artigo 10 do Ato das Disposições Constitucionais Transitórias (ADCT).

---

[5] RE n. 264.434-MG, de 17.11.2010 (Fiat Automóveis S.A. *vs.* Manoel Moreno Alves). Red. para Acórdão: Min. Cármen Lúcia).

Votos

O julgamento do RE foi iniciado em março de 2005, quando o então presidente do STF, ministro Nelson Jobim (aposentado) pediu vista, depois que o relator, ministro Marco Aurélio, lhe havia dado provimento.

Hoje, a ministra Cármen Lúcia, sucessora do ministro Nelson Jobim na Corte, retomou o julgamento plenário do recurso e negou-lhe provimento. Ela endossou entendimento segundo o qual o artigo 31 da Lei 8.880 objetivou manter o nível de emprego, na fase de transição do padrão monetário da URV para o Real.

Tratou-se, segundo a ministra, de uma medida legislativa emergencial destinada a evitar o descontrole da ordem econômica, depois que diversas tentativas heterodoxas de conter a inflação haviam fracassado. Assim, não haveria o alegado vício legal.

Ao acompanhar a divergência, o ministro Ricardo Lewandowski disse que se trata de uma norma transitória que visou proteger o emprego. Assim, o artigo 31 da Lei 8.880 estabeleceu, no seu entender, uma atualização do valor previsto no artigo 10, inc. 1º do ADCT que, também ele, ao fixar uma regra provisória para as indenizações em caso de demissão sem justa causa, estipulou multa de 40% sobre o saldo na conta vinculada de Fundo de Garantia do Tempo de Serviço (FGTS) do empregado.

Acompanharam a divergência também os ministros Dias Toffoli, Gilmar Mendes, Ellen Gracie, Celso de Mello e Cezar Peluso.[6]

---

[6] Disponível em: <http://www.stf.jus.br/portal/cms/verNoticiaDetalhe.asp?idConteudo=165949>. Acesso em: 21.12.2010.

3. GRATIFICAÇÃO PERCEBIDA POR CINCO ANOS. DIREITO À INCORPORAÇÃO

O julgamento do MS n. 26.117-0-MS[7] representou uma decisão muito importante em termos de Direito do Tranalho no Brasil. No voto do Min. Eros Grau, de 20.5.2009, foi reconhecido direito à incorporação de gratificação percebida por cinco ou mais anos. Conquanto refira a quem trabalha em empresas públicas e sociedades de economia mista, induvidosamente o entendimento é extensivo a todos os empregados do Brasil, podendo significar, por corolário, uma redução à metade da regra consignada na Súmula n. 372 do C. TST, que prevê 10 anos ou mais[8], o que, certamente, é mais benéfico para o trabalhador.

A ementa do aresto, publicada no DJE de 6.11.2009, é a seguinte:

> *MANDADO DE SEGURANÇA. CONSTITUCIONAL. COMPETÊNCIA. TRIBUNAL DE CONTAS DA UNIÃO. ART. 71, III, DA CONSTITUIÇÃO DO BRASIL. FISCALIZAÇÃO DE EMPRESAS PÚBLICAS E SOCIEDADES DE ECONOMIA MISTA. POSSIBILIDADE. IRRELEVÂNCIA DO FATO DE TEREM OU NÃO SIDO CRIADAS POR LEI. ART. 37, XIX, DA CONSTITUIÇÃO DO BRASIL. ASCENSÃO FUNCIONAL ANULADA PELO TCU APÓS*

---

[7] MS 26.117-0-MS, de 20.05.2009 (Jorge Luiz Silva da Silva *vs.* Tribunal de Contas da União. Relator: Min. Eros Grau). Disponível em: <http://www.stf.jus.br/portal/processo/verProcessoAndamento.asp>. Acesso em: 26.12.2010.

[8] Súmula n. 372: GRATIFICAÇÃO DE FUNÇÃO. SUPRESSÃO OU REDUÇÃO. LIMITES (conversão das Orientações Jurisprudenciais ns. 45 e 303 da SBDI-1) — Res. n. 129/2005, DJ 20, 22 e 25.04.2005.

I — Percebida a gratificação de função por dez ou mais anos pelo empregado, se o empregador, sem justo motivo, revertê-lo a seu cargo efetivo, não poderá retirar-lhe a gratificação tendo em vista o princípio da estabilidade financeira. (ex-OJ n. 45 da SBDI-1 — inserida em 25.11.1996)

II — Mantido o empregado no exercício da função comissionada, não pode o empregador reduzir o valor da gratificação. (ex-OJ n. 303 da SBDI-1 — DJ 11.08.2003)

DEZ ANOS. ATO COMPLEXO. INEXISTÊNCIA. DECADÊNCIA ADMINISTRATIVA. ART. 54 DA LEI N. 9.784/99. OFENSA AO PRINCÍPIO DA SEGURANÇA JURÍDICA E DA BOA-FÉ. SEGURANÇA CONCEDIDA.

1. As empresas públicas e as sociedades de economia mista, entidades integrantes da administração indireta, estão sujeitas à fiscalização do Tribunal de Contas, não obstante a aplicação do regime jurídico celetista aos seus funcionários. Precedente [MS n. 25.092, Relator o Ministro CARLOS VELLOSO, DJ de 17.3.06].

2. A circunstância de a sociedade de economia mista não ter sido criada por lei não afasta a competência do Tribunal de Contas. São sociedades de economia mista, inclusive para os efeitos do art. 37, XIX, da CB/88, aquelas — anônimas ou não — sob o controle da União, dos Estados-membros, do Distrito Federal ou dos Municípios, independentemente da circunstância de terem sido criadas por lei. Precedente [MS n. 24.249, de que fui Relator, DJ de 3.6.05].

3. Não consubstancia ato administrativo complexo a anulação, pelo TCU, de atos relativos à administração de pessoal após dez anos da aprovação das contas da sociedade de economia mista pela mesma Corte de Contas.

4. A Administração decai do direito de anular atos administrativos de que decorrem efeitos favoráveis aos destinatários após cinco anos, contados da data em que foram praticados [art. 54 da Lei n. 9.784/99]. Precedente [MS n. 26.353, Relator o Ministro MARCO AURÉLIO, DJ de 6.3.08]

5. A anulação tardia de ato administrativo, após a consolidação de situação de fato e de direito, ofende o princípio da segurança jurídica. Precedentes [RE n. 85.179, Relator o Ministro BILAC PINTO, RTJ 83/921 (1978) e MS n. 22.357, Relator o Ministro GILMAR MENDES, DJ 5.11.04].

Ordem concedida.[9]

---

[9] Disponível em: <http://www.stf.jus.br/portal/processo/verProcessoAndamento.asp>. Acesso em: 30.12.2010.

O voto de vista do Min. Carlos Ayres Britto, abaixo transcrito, completa os entendimentos expendidos pelo relator. Ei-lo:

> *Trata-se de mandado de segurança, aparelhado com pedido de medida liminar, impetrado por Jorge Luiz Silva da Silva contra ato do Tribunal de Contas da União. Ato consubstanciado no Acórdão 47/2004-Plenário, que determinou ao Diretor-Presidente da ELETROSUL que adotasse "as providências necessárias ao exato cumprimento do artigo 37, inciso II, e parágrafo 2º, da Constituição Federal, tornando sem efeito o ato que autorizou a reclassificação/ascensão" do impetrante.*
>
> *2. Segundo o autor, o Tribunal de Contas da União recebeu denúncia anônima e a autuou como representação da unidade técnica, a fim de averiguar, entre outras irregularidades, ascensões funcionais no âmbito da ELETROSUL, ocorridas após 23/04/1993. Pois bem, ao final do processo administrativo, ouvidos os gestores públicos responsáveis, determinou o TCU o retorno de alguns empregados da ELETROSUL, entre eles o impetrante, à função de nível médio. Daí a impetração deste mandamus para desconstituir o acórdão da Corte de Contas.*
>
> *3. Como bem resumiu o Ministro Eros Grau, relator, o impetrante suscitou, preliminarmente, "a incompetência do TCU para exame da reclassificação interna de servidores procedida pela Eletrosul". Isto por não se tratar, no caso, de registro de ato de admissão de pessoal (inciso III do artigo 71 da Constituição Federal), bem como pelo fato de a ELETROSUL não haver sido criada por lei. No mérito, arguiu o desrespeito às garantias constitucionais do devido processo legal, do contraditório e da ampla defesa e aos princípios da segurança jurídica e da boa-fé.*
>
> *4. Na sessão plenária de 07 de abril de 2008, o Ministro Eros Grau, após afastar as preliminares suscitadas, concedeu a ordem, por entender violados as garantias do contraditório e da ampla defesa e o princípio da segurança jurídica.*
>
> *5. Muito bem. Após detida análise dos autos, chego à mesma conclusão do Ministro Eros Grau. A preliminar de incompetência do TCU é de ser rejeitada. Primeiro, porque, embora a auditoria realizada na ELETROSUL, de que resultou o acórdão ora ata-*

cado, não configure a hipótese prevista no inciso III do artigo 71 da Constituição da República ("apreciar, para fins de registro, a legalidade dos atos de admissão de pessoal, a qualquer título, na administração direta e indireta, incluídas as fundações instituídas e mantidas pelo poder público, excetuadas as nomeações para cargo de provimento em comissão, bem como a das concessões de aposentadorias, reformas e pensões, ressalvadas as melhorias posteriores que não alterem o fundamento legal do ato concessório"), a competência do Tribunal de Contas da União, no caso, advém do inciso IV do mesmo artigo da Constituição ("realizar, por iniciativa própria, da Câmara dos Deputados, do Senado Federal, de comissão técnica ou de inquérito, inspeções e auditorias de natureza contábil, financeira, orçamentária, operacional e patrimonial, nas unidades administrativas dos Poderes Legislativo, Executivo e Judiciário, e demais entidades referidas no inciso II"). Em segundo lugar, porque, outra vez observou o Ministro Eros Grau, "a circunstância de a Eletrosul não ter sido criada por lei não afasta a competência do Tribunal de Contas, nem lhe retira o caráter de sociedade de economia mista".

6. No mérito, também tenho como violadas as garantias constitucionais do contraditório e da ampla defesa. Garantias que, exatamente por não se tratar, no caso, de apreciação da legalidade de ato de admissão de pessoal ou de concessão de aposentadoria, reforma ou pensão, hão de ser estritamente observadas. Assim enuncia a Súmula Vinculante 3 desta nossa Corte: "Nos processos perante o Tribunal de Contas da União asseguram-se o contraditório e a ampla defesa quando da decisão puder resultar anulação ou revogação de ato administrativo que beneficie o interessado, excetuada a apreciação da legalidade do ato de concessão inicial de aposentadoria, reforma e pensão."

7. E o que se deu no caso em análise? Tramitou perante a Corte de Contas um processo que resultou na anulação do ato administrativo de ascensão funcional do impetrante, sem que este fosse intimado para se defender. E não atende às garantias constitucionais a espontânea interposição de recurso de reexame (que nem houve no processo em causa). É que a amplitude da defesa exige que o interessado seja ouvido e possa produzir provas antes de qualquer decisão de mérito.

8. Já o princípio da segurança jurídica, este foi igualmente vulnerado. É que o ato de ascensão funcional do impetrante ocorreu em setembro de 1993 e o acórdão do TCU é de 2004. Neste cenário, o impetrante tem razão quando afirma que a inércia da Corte de Contas, por onze anos, consolidou sua razoável expectativa quanto ao recebimento de uma verba de caráter alimentar. No caso, o gozo do benefício por um lapso prolongado de tempo confere um tônus de estabilidade ao ato sindicado pelo TCU, ensejando questionamento acerca da incidência dos princípios da segurança jurídica e da lealdade (que outros designam por proteção da confiança dos administrados).

9. Pois bem, considerando o status *constitucional do direito à segurança jurídica (artigo 5º,* caput*), projeção objetiva do princípio da dignidade da pessoa humana (inciso III do artigo 1º) e elemento conceitual do Estado de Direito, tanto quanto levando em linha de consideração a lealdade como um dos conteúdos do princípio da moralidade administrativa (*caput *do artigo 37), faz-se imperioso o reconhecimento de certas situações jurídicas subjetivas em face do Poder Público. Mormente quando tais situações se formalizam por ato de qualquer das instâncias administrativas desse Poder, como se dá com o ato formal de uma determinada ascensão funcional.*

10. Em situações que tais, é até intuitivo que a manifestação desse órgão constitucional de controle externo há de se formalizar em tempo que não desborde das pautas elementares da razoabilidade. Todo o Direito Positivo é permeado por essa preocupação com o tempo enquanto figura jurídica, para que sua prolongada passagem em aberto não opere como fator de séria instabilidade intersubjetiva ou mesmo intergrupal. Quero dizer: a definição jurídica das relações interpessoais ou mesmo coletivas não pode se perder no infinito. Não pode descambar para o temporalmente infindável, e a própria Constituição de 1988 dá conta de institutos que têm no perfazimento de um certo lapso temporal a sua própria razão de ser. É o caso dos institutos da prescrição e da decadência, a marcar explícita presença em dispositivos como estes: "Artigo 7º São direitos dos trabalhadores urbanos e rurais, além de outros que visem à melhoria de sua condição social: (...) XXIX — ação quanto aos créditos resultantes das relações de trabalho, com prazo prescricional de cinco anos para os trabalhadores urbanos e rurais, até o limite de dois anos após a extinção do contrato de trabalho." "Artigo 37.(...) parágrafo 5º A lei estabelecerá os prazos de prescrição para ilícitos praticados por qualquer agente, servidor ou não, que causem prejuízos ao erário, ressalvadas as respectivas ações de ressarcimento". "Artigo 53. Os Deputados e Senadores são invioláveis, civil e penalmente, por quaisquer de suas opiniões, palavras e votos. (...) parágrafo 5º A sustação do processo suspende a prescrição, enquanto durar o mandato". "Artigo 146. Cabe à lei complementar: (...) III — estabelecer normas gerais em matéria de legislação tributária, especialmente sobre: (...) b) obrigação, lançamento, crédito, prescrição e decadência tributários."

11. *Mais recentemente, por efeito da Emenda Constitucional 45/04, a Constituição Federal passou a albergar, explicitamente, o direito à razoável duração do processo — inclusive os de natureza administrativa, conforme a seguinte dicção: "LXXVIII — a todos, no âmbito judicial e administrativo, são assegurados a razoável duração do processo e os meios que garantam a celeridade de sua tramitação".*

12. *Sem dúvida, pois, que determinadas pautas temporais são, em si mesmas, um tão relevante aspecto da vida que chegam a merecer direto tratamento constitucional. Importando, aqui, saber se não existe uma espécie de tempo médio que resuma em si, objetivamente, o desejado critério da razoabilidade.*

13. *Ora bem, na busca desse tempo médio, pontuo que é de Almiro do Couto e Silva esta ponderação: "Cremos que, desde a vigência da Lei da Ação Popular o prazo prescricional das pretensões invalidantes da Administração Pública, no que concerne a seus atos administrativos é de cinco anos". (SILVA, Almiro do Couto. Prescrição quinquenária da pretensão anulatória da administração pública com relação a seus atos administrativos. In: Revista de Direito Administrativo. Abr./jun. 1996. Rio de Janeiro, 204:21-31).*

14. *É dizer, então: partindo do fundamento de que a pretensão anulatória de qualquer um do povo, frente aos atos administrativos ilícitos ou danosos, não deve ser diversa daquela do Poder Público para ver os particulares jungidos a ele, Poder Público, o renomado autor entende que o parágrafo 3º do artigo 6º da Lei 4.717/65 é de ser interpretado à luz dessa ponderação. Daí arrematar: "O prazo*

de cinco anos, que é o prazo prescricional previsto na Lei da Ação Popular, seria, no meu entender, razoável e adequado para que se operasse a sanação da invalidade e, por consequência, a preclusão ou decadência do direito e da pretensão de invalidar, salvo nos casos de má-fé dos interessados". (SILVA, Almiro do Couto. Prescrição quinquenária da pretenção anulatória da administração pública com relação a seus atos administrativos. In: Revista de Direito Administrativo. Abr./jun. 1996. Rio de Janeiro, 204:21-31).

15. *De forma convergente quanto à razoabilidade desse prazo médio dos 5 anos, o Congresso Nacional elaborou a Lei 9.784/99 e, nela, estatuiu (artigo 54) que "o direito da Administração de anular os atos administrativos de que decorram efeitos favoráveis para os destinatários decai em 5 (cinco) anos, contados da data em que foram praticados, salvo comprovada má-fé". Ademais, essa mesma lei, reguladora do processo administrativo federal, teve o mérito de também explicitar o subprincípio da boa-fé como obrigatória pauta de conduta administrativa, a teor do inciso IV do parágrafo único do artigo 2º,* cujo caput *também determina a obediência da Administração Pública, dentre outros, aos princípios da razoabilidade, proporcionalidade, moralidade e segurança jurídica,* in verbis: *"Artigo 2º A Administração Pública obedecerá, dentre outros, aos princípios da legalidade, finalidade, motivação, razoabilidade, proporcionalidade, moralidade, ampla defesa, contraditório, segurança jurídica, interesse público e eficiência. Parágrafo único. Nos processos administrativos serão observados, dentre outros, os critérios de: (...) IV — atuação segundo padrões éticos de probidade, decoro e boa-fé; (...)".*

16. *Não é só. Também o Código Tributário Nacional determina que se extingue em 5 anos o direito de a Fazenda Pública constituir e cobrar judicialmente os créditos fiscais (artigos 173 e 174). Isto, naturalmente, para que o contribuinte não fique sob prolongada incerteza quanto à cobrança dos valores de que o Fisco se considera credor. Leia-se: "Artigo 173. O direito de a Fazenda Pública constituir o crédito tributário extingue-se após 5 (cinco) anos, contados: I — do primeiro dia do exercício seguinte àquele em que o lançamento poderia ter sido efetuado; II — da data em que se tornar definitiva a decisão que houver anulado, por vício*

formal, o lançamento anteriormente efetuado. (...)". "Artigo 174. A ação para cobrança do crédito tributário prescreve em 5 (cinco) anos, contados da data da sua constituição definitiva. (...)".

17. *Não por coincidência, a Constituição fez desse mesmo lapso dos 5 anos critério de fixidez de efeitos jurídicos entre toda a Administração Pública brasileira e aqueles seus servidores que, mesmo desconcursados, já contassem 5 ou mais anos de contínuo labor, à data em que ela, Constituição, entrou em vigor. Confira-se: "Artigo 19. (ADCT) Os servidores públicos civis da União, dos Estados, do Distrito Federal e dos Municípios, da administração direta, autárquica e das fundações públicas, em exercício na data da promulgação da Constituição, há pelo menos cinco anos continuados, e que não tenham sido admitidos na forma regulada no artigo 37, da Constituição, são considerados estáveis no serviço público".*

18. *Nessa mesma vertente, a Lei Maior de 1988 fez desse emblemático transcurso dos 5 anos ininterruptos um dos pressupostos do chamado usucapião extraordinário, tanto de natureza urbana quanto rural, a teor desta sonora dicção: "Artigo 183. Aquele que possuir como sua área urbana de até duzentos e cinquenta metros quadrados, por cinco anos, ininterruptamente e sem oposição, utilizando-a para sua moradia ou de sua família, adquirir-lhe-á o domínio, desde que não seja proprietário de outro imóvel urbano ou rural". "Artigo 191. Aquele que, não sendo proprietário de imóvel rural ou urbano, possua como seu, por cinco anos ininterruptos, sem oposição, área de terra, em zona rural, não superior a cinquenta hectares, tornando-a produtiva por seu trabalho ou de sua família, tendo nela sua moradia, adquirir-lhe-á a propriedade".*

19. *Enfim, torna a Constituição a fazer da pauta dos 5 anos referência para a prescrição em tema de crédito trabalhista, in verbis: "artigo 7º, inciso XXIX: ação, quanto aos créditos resultantes das relações de trabalho, com prazo prescricional de cinco anos para os trabalhadores urbanos e rurais, até o limite de dois anos após a extinção do contrato de trabalho."*

20. *Bem vistas as coisas, então, percebe-se que o Tribunal de Contas da União não poderia, passados onze anos da implementação do ato de ascensão funcional do autor, simplesmente anulá-lo, pena de ferimento ao princípio da segurança jurídica.*

21. Por fim, tenho por inaplicável ao caso concreto a ADI 837. É que o ato de ascensão funcional questionado não se lastreou em nenhuma das normas cuja eficácia foi suspensa em 11 de fevereiro de 1993, por este Supremo Tribunal Federal. Ainda que assim não fosse, o julgamento da ação direta de inconstitucionalidade não implica automática desconstituição dos atos concretos em desconformidade com ele. É imperioso que a Administração Pública o faça, respeitando, porém, as chamadas cláusulas de preclusão, até mesmo para salvaguardar o princípio constitucional da segurança jurídica.

22. Ante o exposto, acompanho o Ministro-relator e concedo a segurança. É como voto.[10]

---

[10] Disponível em: <http://redir.stf.jus.br/paginador/paginador.jsp?docTP=AC&docID=605419>. Acesso em: 30.12.2010.

4. ISONOMIA. APOSENTADOS X ATIVOS. IMPOSSIBILIDADE

Ao mandar arquivar a RCL n. 10.466-GO, a 8.9.2010, a Min. Cármen Lúcia apontou para o não cabimento de se conceder benefícios e vantagens de servidores da ativa a servidores aposentados, em decorrência de não se estender, ao autor da reclamação, os direitos obtidos por outros trabalhadores em ação específica.

O noticiário a respeito consigna:

> *A ministra do Supremo Tribunal Federal (STF) Cármen Lúcia Antunes Rocha negou seguimento à Reclamação (RCL) 10466, em que um servidor aposentado de Goiás pleiteava, liminarmente, o direito de receber todos os benefícios e vantagens concedidos aos servidores da ativa.*
>
> *Na RCL, a defesa alegou que o Tribunal de Justiça de Goiás (TJ-GO), que negou segurança lá impetrada com o mesmo objetivo, teria descumprido decisão do STF proferida no julgamento do Recurso Extraordinário (RE) 563965.*
>
> *O autor da Reclamação relatou que se aposentou em 1999, antes da vigência da Emenda Constitucional n. 41/2003, que alterou a legislação sobre remuneração e benefícios dos servidores públicos. Assim, por força do princípio da isonomia, inscrito no parágrafo 8º do Artigo 40 da Constituição Federal (CF), teria direito a "todos e quaisquer benefícios ou vantagens posteriormente concedidos aos servidores em atividade, inclusive quando decorrentes da transformação ou reclassificação do cargo ou função em que se deu a aposentadoria ou que serviu de referência para a concessão da pensão".*
>
> *Alegou, ainda, que "não houve mudança na forma de cálculo remuneratório, mas tão somente de novas nomenclaturas para o*

antigo sistema de gratificações, não ocorrendo, portanto, novo regime jurídico de remuneração".

Arquivamento

Ao arquivar o processo (negar-lhe seguimento), a ministra Cármen Lúcia observou que o autor da reclamação "não participou da relação jurídica estabelecida no RE 563965". Isto é, não figurou como parte naquele processo, que apenas decidiu o caso de dois servidores do estado do Rio Grande do Norte, não tendo eficácia vinculante ou efeito erga omnes (validade para todos).

"A jurisprudência do STF firmou-se no sentido de ser incabível a reclamação na qual se alega o descumprimento de decisão proferida em recurso extraordinário, quando o reclamante não tenha sido parte", recordou a ministra. "Isso porque essas decisões são desprovidas de eficácia vinculante e efeito erga omnes."

Ela citou, neste contexto, jurisprudência firmada pela Suprema Corte, entre outros, no agravo regimental na Reclamação 6078, relatada pelo ministro Joaquim Barbosa, e nos embargos de declaração interpostos na RCL 5335, relatada pelo ministro Cezar Peluso[11].

O despacho ministerial *tem o seguinte teor:*

RECLAMAÇÃO. PREVIDENCIÁRIO. ALEGADO DESCUMPRIMENTO DA DECISÃO PROFERIDA NO RECURSO EXTRAORDINÁRIO 563.965. DECISÃO DESPROVIDA DE EFICÁCIA VINCULANTE E EFEITO ERGA OMNES. PRECEDENTES. RECLAMAÇÃO À QUAL SE NEGA SEGUIMENTO.

Relatório

1. Reclamação, com pedido de medida liminar, ajuizada por Dorival Pedroso, em 6.8.2010, contra ato do Tribunal de Justiça do

---

[11] RCL n. 10.466-GO, de 08.09.2010 (Dorival Pedroso vs. Tribunal de Justiça do Estado de Goiás. Intdo.(a/s): Governador do Estado de Goiás, Presidente do Instituto de Previdência e Assistência dos Servidores do Estado de Goiás, Presidente da Agência Goiana de Administração de Negócios Públicos — AGANP). Relatora: Min. Cármen Lúcia, Disponível em: <http://www.stf.jus.br/portal/cms/verNoticiaDetalhe.asp?idConteudo=163783>. Acesso em: 25.12.2010.

Goiás, que ao denegar o Mandado de Segurança 15.152-4/101, teria descumprido a decisão do Supremo Tribunal Federal proferida no Recurso Extraordinário 563.965.

<u>O caso</u>

2. Em 21 de fevereiro de 2010, Dorival Pedroso impetrou Mandado de Segurança contra ato do Governador do Estado de Goiás, objetivando incluir vantagens em seus proventos em razão do princípio da isonomia.

Alegou que "aposentou-se aos idos de 1999 (fl. 14 — doc. 05), antes da vigência da EC n. 41/2003, logo todos e quaisquer benefícios ou vantagens posteriormente concedidos aos servidores em atividade, inclusive quando decorrentes da transformação ou reclassificação do cargo ou função em que se deu a aposentadoria ou que serviu de referência para a concessão da pensão, na forma da lei, deve ser estendido ao mesmo por força do princípio da isonomia (§ 8º, art. 40, da CF/88)" (fl. 3, transcrição conforme o original).

O Tribunal de Justiça de Goiás denegou a segurança ao fundamento de que, "segundo o entendimento do Supremo Tribunal Federal, não há ofensa à Constituição Federal na hipótese de lei estadual alterar a forma de cálculo das gratificações e da composição da remuneração do servidor público (Lei Delegada n. 04/03 do Estado doe Goiás), em razão de não haver direito adquirido a regime jurídico" (fl. 6).

É contra a decisão proferida no Mandado de Segurança n. 15152-4/101, impetrado no Tribunal de Justiça do Goiás, que o Reclamante ajuíza a presente reclamação.

3. O Reclamante alega, em síntese, que haveria contrariedade à autoridade da decisão proferida pelo Supremo Tribunal Federal no julgamento do Recurso Extraordinário 563.965.

Argumenta que, "no Estado de Goiás, constatamos que não houve mudança na forma de cálculo remuneratório, mas tão somente de novas nomenclaturas para o antigo sistema de gratificações, não ocorrendo, portanto novo regime jurídico de remuneração, e sim verificamos que o regime jurídico não foi alterado, e sim mascarado" (fl. 2).

Requer liminar "para cancelar o julgamento baseado no paradigma (RE 563.965-7 Rio Grande do Norte) eis que o mesmo se trata de novo regime jurídico de remuneração e o pedido do impetrante no mandado de segurança é o de aplicação de seu direito a isonomia eis que foi aposentado antes da EC 41/200, logo seu direito tem que ser reconhecido pois a lei vigente a época de sua aposentação (1999) tem que prevalecer" (fl. 4).

Não houve pedido quanto ao mérito da presente reclamação.

Examinados os elementos havidos nos autos, DECIDO.

4. Inicialmente, cumpre registrar que, apesar de o Reclamante não ter sido formulado pedido de mérito, depreende-se de tudo quanto exposto na inicial que o Reclamante objetiva seja cassado o ato ora reclamado.

5. Ressalta-se que o ora Reclamante não participou da relação jurídica processual estabelecida no Recurso Extraordinário 563.965, no qual foram partes Maria Aurélia Morais de Paiva e o Estado do Rio Grande do Norte.

A jurisprudência do Supremo Tribunal Federal firmou-se no sentido de ser incabível a reclamação na qual se alega o descumprimento de decisão proferida em recurso extraordinário quando o reclamante não tenha sido parte. Isso porque essas decisões são desprovidas de eficácia vinculante e efeito erga omnes.

Confiram-se, a propósito, os seguintes julgados:

"A reclamação não é instrumento de uniformização jurisprudencial. Tampouco serve de sucedâneo de recurso ou medida judicial cabível para fazer valer o efeito devolutivo pretendido pelo jurisdicionado. 3. Nos termos da orientação firmada pelo Supremo Tribunal Federal, são legitimados à propositura de reclamação todos aqueles que sejam prejudicados por atos contrários às decisões que possuam eficácia vinculante e geral (erga omnes). <u>Se o precedente tido por violado foi tomado em julgamento de alcance subjetivo, como se dá no controle difuso e incidental de constitucionalidade, somente é legitimado ao manejo da reclamação as partes que compuseram a relação processual do aresto. 4. No caso em exame, o reclamante não fez parte da relação processual em que formado o precedente tido por violado (agravo de instrumento</u>

julgado pelo Pleno do Supremo Tribunal Federal). Agravo regimental conhecido, mas ao qual se nega provimento" (Rcl 6.078-AgR, Rel. Min. Joaquim Barbosa, Plenário, DJe 30.4.2010, grifos nossos).

E:

"RECLAMAÇÃO. Alegação de afronta a decisão proferida em agravo regimental em agravo de instrumento. Causa de índole subjetiva. Decisão desprovida de eficácia 'erga omnes'. Vinculação restrita às partes. Autoridade diversa daquela que é sujeito processual do recurso extraordinário. Processo extinto, sem julgamento de mérito. Inteligência do art. 102, I, 'l', da CF. Precedentes. Agravo regimental improvido. Não cabe reclamação por suposta ofensa à autoridade de decisão proferida em processo subjetivo, do qual não é nem foi parte o reclamante" (Rcl 5.335-ED, Rel. Min. Cezar Peluso, Plenário, DJe 9.5.2008).

Na mesma linha, são precedentes: Rcl 8.446/RN, de minha relatoria, decisão monocrática, DJ 18.6.2009; Rcl 6.555/SE, de minha relatoria, decisão monocrática, DJ 18.9.2008; Rcl 6.478/SP, de minha relatoria, decisão monocrática, DJ 15.9.2008; Rcl 5.450-AgR/AM, Rel. Min. Marco Aurélio, Primeira Turma, DJ 1º.2.2008; Rcl 3.847-AgR/RN, Rel. Min. Ayres Britto, Tribunal Pleno, DJ 20.10.2006; Rcl 2.398/TO, Rel. Min. Marco Aurélio, Tribunal Pleno, DJ 24.2.2006; Rcl 2.693-AgR/RS, Rel. Min. Marco Aurélio, Tribunal Pleno, DJ 1º.4.2005; Rcl 2.720-AgR/PR, Rel. Min. Marco Aurélio, Tribunal Pleno, DJ 12.11.2004.

6. Pelo exposto, nego seguimento a esta Reclamação (art. 21, § 1º, do Regimento Interno do Supremo Tribunal Federal), ficando prejudicada, por óbvio, a medida liminar pleiteada.

Publique-se.[12]

---

[12] Disponível em: <http://www.stf.jus.br/portal/processo/verProcessoAndamento.asp>. Acesso em: 26.12.2010.

5. RADIOLOGISTA. REMUNERAÇÃO. VINCULAÇÃO AO SALÁRIO MÍNIMO

A questão tratada na ADPF n. 151-DF[13] é acerca da vinculação da remuneração do técnico em radiologia ao salário mínmo, ante o que dispõem o art. 16 da Lei n. 7.394/1985 e a Súmula Vinculante n. 4, editada com fundamento no art. 7º, IV, da Constituiçao da República. O relator, Min. Joaquim Barbosa, votou, a 1.12.2010, contrariamente ao que pretendia a confederação arguente. O julgamento está suspenso, ante o pedido de vista do Min. Gilmar Mendes.

O noticiário a respeito é o seguinte:

> *Tendo em vista um pedido de vista feito pelo ministro Gilmar Mendes, foi adiada a análise de medida cautelar em ação que questiona se a lei que regula a profissão de técnico em radiologia, ao vincular a remuneração ao salário mínimo, foi recepcionada pela Constituição de 1988. Até o momento, há dois votos proferidos — um do ministro Joaquim Barbosa (relator), que indefere a medida, e o outro do ministro Marco Aurélio, que concede o pedido.*
>
> *A Confederação Nacional de Saúde, Hospitais e Estabelecimentos e Serviços (CNS) questiona, perante o Supremo Tribunal Federal (STF), se o artigo 16, da Lei 7.394/85 é compatível com o artigo 7º, inciso IV da Constituição Federal. O artigo 16 determina que os operadores de raio X terão salário equivalente a dois salários mínimos, e que sobre esse salário os profissionais terão 40% de adicional por risco de vida e insalubridade. Como a lei foi editada em 1985, a CNS alega que há desrespeito à Constituição Federal de 1988, que proíbe, para qualquer fim, a vinculação ao salário mínimo.*

---

[13] ADPF n. 151-DF (Confederação Nacional de Saúde, Hospitais e Estabelecimentos e Serviços — CNS *vs.* Presidente da República e Conselho Nacional de Técnicos em Radiologia — CONTER. Relator: Min. Joaquim Barbosa).

Na ação, a entidade lembra julgamento do STF no Recurso Extraordinário (RE) 565714, a partir do qual foi editada a Súmula Vinculante 4, que diz: "Salvo os casos previstos na Constituição Federal, o salário mínimo não pode ser usado como indexador de base de cálculo de vantagem de servidor público ou de empregado, nem ser substituído por decisão judicial". Assim, a confederação sustenta que o dispositivo questionado não teria sido recepcionado pela Constituição Federal de 1988.

Para justificar a urgência da discussão, a autora registra que "a prestação de serviço de saúde em todo o país tem se tornado financeira e operacionalmente inviável", dado os elevados pisos salariais dos profissionais da área de saúde. Por esses motivos, a entidade pede a concessão da medida liminar para suspender o artigo 16, da Lei 7.394/85, até o julgamento final desta ADPF. No mérito, solicita que o dispositivo seja retirado do sistema jurídico.

Voto

Para o relator da matéria, ministro Joaquim Barbosa, não estão presentes os requisitos para a concessão da medida cautelar. Inicialmente, o ministro ressaltou que o texto contestado foi produzido em 1985, portanto está em vigor há 25 anos.

"Qualquer esboço de risco à consolidação de situações ou a inviabilização do exercício de atividades na área da saúde, a caso existente na data da promulgação da Constituição, perdeu todo o foco e coesão que porventura tivesse, passadas duas décadas de vigência da norma", disse o ministro. De acordo com ele, os autos não trazem qualquer documento que possa "corroborar a assertiva da requerente acerca da completa inviabilidade econômica das atividades em que inseridos os profissionais da área de radiologia".

Barbosa observou não haver indicação de que eventual vinculação da remuneração de tais profissionais ao salário mínimo seja a causa preponderante da alegada situação de penúria vivida pelas empresas filiadas à confederação. Ele também entendeu que a adoção da Súmula n. 4, do STF, é insuficiente para alterar o quadro, "especialmente diante da problemática apontada pela Presidência da República quanto à exata conformação do regime jurídico aplicável aos técnicos em radiologia". Além disso, o ministro considerou que a norma do artigo 16 teria sido "esvaziada" por sucessivas alterações legislativas, motivo pelo qual indeferiu o pedido.

Divergência

O ministro Marco Aurélio votou pela concessão da medida cautelar. "Penso que não podemos partir para uma fragilização, para a abertura de exceção no que o preceito constitucional não contempla, na vedação peremptória da tomada do salário mínimo como fator de fixação de direito, qualquer exceção", afirmou.

Conforme o ministro, houve tempo suficiente para o Congresso Nacional substituir o preceito, uma vez que a lei é de 1985, "e isso não ocorreu". "Peço vênia ao relator para, até mesmo diante do que assentado por esta Corte editando verbete vinculante, concluir que há relevância na articulação contida na inicial e há risco de manter-se, com plena eficácia, o dispositivo", concluiu o ministro, ao votar pelo deferimento da medida cautelar.[14]

---

[14] Disponível em: <http://www.stf.jus.br/portal/cms/verNoticiaDetalhe.asp?idConteudo=167310>. Acesso em: 25.12.2010.

6. RESPONSABILIDADE SUBSIDIÁRIA. SÚMULA N. 331, IV, DO TST[15]

Ao apreciar a RCL n. 7.901-AM, a 25.11.2010, a Min. Cármen Lúcia julgou procedente a reclamação e cassou decisão proferida por Turma do C. Tribunal Superior do Trabalho, que aplicara o inciso IV da Súmula n. 331, atribuindo responsabilidae subsidiária do Estado aos contratos. Fundou-se a Relatora na decisão plenária do STF que considerou constitucional o art. 71, § 1º, da Lei n. 8.666/1993.

O despacho decisório é o seguinte:

AGRAVO REGIMENTAL NA RECLAMAÇÃO. ADMINISTRATIVO. ALEGAÇÃO DE DESCUMPRIMENTO DA SÚMULA VINCULANTE N. 10 DO SUPREMO TRIBUNAL FEDERAL. PRECEDENTES DO PLENÁRIO. RECONSIDERAÇÃO DA DECISÃO AGRAVADA. ANÁLISE, DESDE LOGO, DA RECLAMAÇÃO: PROCEDÊNCIA.

<u>*Relatório*</u>

1. Em 2 de agosto de 2010, neguei seguimento à reclamação ajuizada pelo Estado do Amazonas contra julgado do Tribunal Superior do Trabalho nos autos do Recurso de Revista n. 11463/2005--008-11-00.0, que teria descumprido a Súmula Vinculante n. 10 do Supremo Tribunal Federal (fls. 109-118).

2. Contra essa decisão, interpõe o Estado do Amazonas, tempestivamente, agravo regimental (fls. 122-128).

O Agravante afirma que "o Tribunal Superior do Trabalho quando se reúne em Plenário, por força de um incidente de unifor-

---

[15] V., nesta coletânea, v. 7, p. 89.

mização, o faz com o intuito de dirimir tão somente uma divergência jurisprudencial. (...) a mera reunião física dos Ministros no órgão pleno não se afigura hábil a afastar a ofensa à súmula vinculante n. 10 do STF" (fls. 123-124).

Alega que, "se o enunciado 331, IV, do TST, de forma equivocada, não observou o artigo 97 da Constituição Federal, quando da sua edição, o acórdão do Tribunal Superior do Trabalho, ao manter e remeter àquele entendimento expressamente contrário a um ato normativo, deveria tê-lo feito" (fl. 125).

Requer a reconsideração da decisão agravada ou o provimento do recurso.

3. Na Sessão Plenária de 24.11.2010, este Supremo Tribunal Federal firmou entendimento diverso do que contido na decisão ora agravada, razão pela qual reconsidero a decisão de fls. 109-118.

Passo à análise, desde logo, da reclamação.

4. Reclamação, com pedido de medida liminar, ajuizada pelo Estado do Amazonas, em 17.3.2009, contra ato da Quarta Turma do Tribunal Superior do Trabalho, que, nos autos do Recurso de Revista n. 11463/2005-008-11-00.0, teria descumprido a Súmula Vinculante n. 10 do Supremo Tribunal Federal.

A decisão reclamada tem a seguinte ementa:

"RESPONSABILIDADE SUBSIDIÁRIA — CONTRATO NULO. I — Não foi reconhecido o vínculo empregatício com o Estado, mas tão somente sua responsabilidade subsidiária, daí ser totalmente impertinente a indicação de violação ao artigo 37, inciso II e § 2º, da Constituição e de contrariedade à Súmula n. 363/TST. II — A decisão recorrida foi proferida com lastro no item IV da Súmula n. 331 do TST, que estabelece: "O inadimplemento de obrigações trabalhistas, por parte do empregador, implica a responsabilidade subsidiária do tomador dos serviços quanto àquelas obrigações, inclusive quanto aos órgãos da administração pública, das autarquias, das fundações públicas, das empresas públicas e das sociedades de economia mista, desde que hajam participado da relação processual e constem também do título executivo judicial" (fls. 17-18, grifos nossos).

Argumenta o Reclamante que, "se a redação do § 1º do artigo 71 da Lei n. 8.666/93 é manifestamente oposta e divergente do texto do enunciado sumular n. 331, IV, do [Tribunal Superior do Trabalho], somente por meio da declaração de inconstitucionalidade, observado o artigo 97 da Constituição da Federal e a súmula vinculante n. 10 do [Supremo Tribunal Federal], poderia o Tribunal Superior do Trabalho reconhecer a responsabilidade subsidiária do ESTADO DO AMAZONAS por débitos trabalhistas" (fl. 3).

Pede seja julgada procedente a presente reclamação para cassar a decisão proferida pela Quarta Turma do Tribunal Superior do Trabalho nos autos do Recurso de Revista n. 11463/2005-008--11-00.0.

Examinados os elementos havidos nos autos, <u>DECIDO</u>.

5. Razão jurídica assiste ao Reclamante.

6. O que se põe em foco na presente reclamação é se, ao aplicar o entendimento do inc. IV da Súmula 331 do Tribunal Superior do Trabalho para reconhecer a responsabilidade subsidiária da Administração Pública pelo cumprimento de obrigações trabalhistas, a decisão reclamada teria descumprido a Súmula Vinculante n. 10 do Supremo Tribunal Federal, cujo teor é o seguinte:

"Viola a cláusula de reserva de Plenário (CF, artigo 97) a decisão de órgão fracionário de tribunal que, embora não declare expressamente a inconstitucionalidade de lei ou ato normativo do poder público, afasta sua incidência no todo ou em parte".

7. Na sessão plenária de 24.11.2010, este Supremo Tribunal julgou procedente a Ação Declaratória de Constitucionalidade n. 16 para declarar a constitucionalidade do art. 71, § 1º, da Lei n. 8.666/93.

Naquela assentada, também deu provimento aos Agravos Regimentais nas Reclamações 7.517, Rel. Min. Ricardo Lewandowski; 8.150, Rel. Min. Eros Grau, dentre outras, para julgar procedentes as reclamações cujo objeto era idêntico ao da presente.

Prevaleceu, naqueles casos, o voto proferido pela Ministra Ellen Gracie que:

"*Salientou não ter havido no julgamento do Incidente de Uniformização de Jurisprudência que dera origem ao Enunciado 331, IV, do TST a declaração da inconstitucionalidade do art. 71, § 1º, da Lei 8.666/93, mas apenas a atribuição de certa interpretação ao citado dispositivo legal. Explicou que o Plenário do TST, ao julgar um incidente de uniformização, visa dirimir uma divergência jurisprudencial existente entre seus órgãos fracionários ou consolidar o entendimento por eles adotado, e não declarar a inconstitucionalidade de lei ou ato do Poder Público, finalidade esta de uma arguição de inconstitucionalidade, conforme disposto nos artigos 244 a 249 do Regimento Interno daquela Corte. Asseverou ser necessário, para que a cláusula da reserva de plenário seja devidamente observada, a reunião dos membros do tribunal com a finalidade específica de julgar a inconstitucionalidade de um determinado ato normativo, decisão que, por sua gravidade, não poderia ocorrer em um mero incidente de uniformização de jurisprudência. Ressaltou que, no caso, nem mesmo ter-se-ia declarado incidentalmente a inconstitucionalidade do art. 71, § 1º, da Lei 8.666/93. Observou que as disposições constantes do art. 71, § 1º, da Lei 8.666/93 e do inciso IV do Verbete 331 do TST seriam diametralmente opostas e que o TST aplicara sua interpretação consagrada neste enunciado, o que esvaziara, desse modo, a força normativa daquele dispositivo legal. Concluiu que o TST, ao entender que a decisão recorrida estaria em consonância com a Súmula 331 do TST, negara implicitamente vigência ao art. 71, § 1º, da Lei 8.666/93, sem que seu Plenário houvesse declarado a sua inconstitucionalidade*" (Informativo STF n. 608).

8. Assim, ao afastar a aplicação do § 1º do artigo 71 da Lei n. 8.666/93, com base na Súmula 331, inc. IV, o Tribunal Superior do Trabalho descumpriu a Súmula Vinculante n. 10 do Supremo Tribunal Federal, pois negou a vigência do dispositivo pretensamente por ser ele incompatível com a Constituição.

9. Na decisão mencionada, este Supremo Tribunal decidiu que os Ministros poderiam julgar monocraticamente os processos relativos à matéria, na esteira daqueles precedentes.

10. Pelo exposto, na linha do entendimento firmado por este Supremo Tribunal, julgo procedente a Reclamação para cassar a decisão proferida pela Quarta Turma do Tribunal Superior do Trabalho nos autos do Recurso de Revista n. 11463/2005-008--11-00.0.

Publique-se.[16]

---

[16] RCL n. 7.901-AM, de 25.11.2010 (Estado do Amazonas *vs.* Tribunal Superior do Trabalho — Recurso de Revista n. 11463/2005-008-11-00.0. Intdo.(a/s): Margarete Pinheiro de Souza e Servmax da Amazônia — Técnica em Qualidade e Serviços Ltda. Relatora: Min. Cármen Lúcia). Disponível em: <http://www.stf.jus.br/portal/processo/verProcessoAndamento.asp>. Acesso em: 27.12.2010. *No mesmo sentido:* RCL n. 7.711-RO (Estado de Rondônia *vs.* Tribunal Superior do Trabalho — AIRR n. 1.278/2006-004-14.40.1). Intdo.(a/s): Maria Lucimar Costa Duart e Micheluz Ltda. Relatora: Min. Cármen Lúcia); RCL n. 7.712-RO (Estado de Rondônia vs. Tribunal Superior do Trabalho — AIRR n. 708/2007-004-14-40.9) Intdo.(a/s) André Queiroz Fandinho da Silva e Condor Vigilância e Segurança Ltda. Relatora: Min. Cármen Lúcia); e RCL n. 7.868-SE (Estado de Sergipe *vs.* Tribunal Superior do Trabalho (Processo n. 331/2007-016-20-40.5). Intdo(a/s): José Adriano Aragão Martins e Margate Construções, Comércio e Empreendimentos Ltda. Relatora: Min. Cármen Lúcia).

PARTE II

DIREITOS COLETIVOS

1. ASSOCIAÇÃO E SINDICATO. DIREITO DE REGISTRO[17]

Da relatoria do Min. Carlos Velloso (agora aposentado), terminou o julgamento do RMS n. 21.053-SP, a 24.11.2010. Era questionada decisão do Ministro do Trabalho de reconhecer uma associação de trabalhadores como sindicato da categoria. O julgamento encerrou-se com a manifestação do Min. Dias Toffoli que, acompanhando o relator, destacou que o art. 515, *a*, da CLT, não foi recepcionada pela Constituição de 1988, e a decisão do Executivo estava correta, porque apenas um registro.

O noticiário a respeito é o seguinte:

> *O Plenário do Supremo Tribunal Federal (STF) indeferiu por unanimidade, na tarde desta quarta-feira (24), o Recurso Ordinário em Mandado de Segurança (RMS) 21053, impetrado pelo Sindicato dos Trabalhadores nas Indústrias Químicas e Farmacêuticas de São Paulo, Embu, Embu-Guaçu e Taboão da Serra. O recurso era contra ato do ministro de Estado do Trabalho, que reconheceu como sindicato a Associação dos Trabalhadores nas Indústrias de Produtos de Limpeza do estado de SP.*
>
> *No caso, o sindicato sustentava que o ato do ministro do Trabalho contraria norma constitucional, bem como a alínea "a" do artigo 515 da Consolidação das Leis do Trabalho (CLT). Argumentava, também, que o direito de livre associação dos empregados foi ofendido, uma vez que não foram consultados quanto à preferência por uma ou outra representação sindical.*
>
> *Salientava o sindicato que a Constituição Federal possibilita o "livre impulso associativo" no tocante à organização sindical, mas afirma que deve ser ressaltado que "referida liberdade estaria ads-*

---

[17] V., nesta coletânea, sobre registro sindical, v. 1, p. 49, v. 8, p. 35.

trita à manifestação de vontade dos trabalhadores", que "no caso em tela, como os autos demonstram, não houve" alega o sindicato. Assim, pediu que fosse reformada a decisão do Superior Tribunal de Justiça (STJ) "para se determinar ao ministro do Trabalho que realize consulta aos trabalhadores interessados, no mínimo de um terço, como exige a lei e a boa prática democrática".

No entanto, no início do julgamento, em fevereiro de 1991, o relator do caso, ministro Carlos Velloso (aposentado), manifestou-se pelo indeferimento do pedido do sindicato e foi acompanhado pelos demais ministros. Na ocasião, o ministro Sepúlveda Pertence (aposentado) pediu vista. O sucessor da cadeira de Pertence, ministro Dias Toffoli, trouxe seu voto na tarde de hoje, acompanhando o relator no sentido de negar provimento ao RMS.

Em seu voto, o ministro Dias Toffoli afirmou que "a legislação em vigor confere poderes ao ministro do Trabalho para reconhecer como sindicato uma associação cujo número de associados seja inferior ao um terço a que se refere a alínea 'a', do artigo 515 da CLT, nos termos do parágrafo único desse mesmo artigo". Asseverou, ainda, que com base no artigo 8º, incisos I e II, fica consagrada a ampla liberdade de associação profissional ou sindical com consequente registro no órgão competente.

O ministro afirmou ainda que o argumento sobre a consulta aos trabalhadores (restrição inscrita pela alínea "a" do artigo 515 da CLT) não está contida na Constituição Federal atual, portanto, revogada, "fato a desautorizar o acolhimento da pretensão deduzida pelo requerente".[18]

---

[18] RMS n. 21.053-SP, de 24.11.2010 (Sindicato dos Trabalhadores nas Indústrias Químicas e Farmacêuticas de São Paulo, Embu, Embu-Guaçu e Taboão da Serra vs. Sindicato dos Trabahadores nas Indústrias de Produtos de Limpeza do Estado de São Paulo. Rel.: Min. Carlos Velloso). Disponível em: <http://www.stf.jus.br/portal/cms/verNoticiaDetalhe.asp?idConteudo=166799>. Acesso em: 21.12.2010.

2. GREVE[19]

Adiante, estão algumas decisões da Suprema Corte acerca de procedimentos em caso de greve no serviço público brasileiro. A importância desses julgados amplia-se sobretudo considerando o que decidiu o STF mandando aplicar a Lei n. 7.783/1989, ante a omissão legislativa, na hipótese.

2.1. EXERCÍCIO DO DIREITO POR SERVIDOR PÚBLICO

O Min. Gilmar Mendes, ao examinar pedido constante da RCL n. 10.798-RJ[20], negou, a 28.10.2010, a liminar requerida, por não encontrar em atos da Presidência do Tribunal de Justiça do Estado do Rio de Janeiro atos que violassem o exercício do direito de greve por parte dos servidores daquele poder.

O noticiário a respeito é o seguinte:

Negada liminar a servidores em greve da Justiça do Rio de Janeiro

O ministro do Supremo Tribunal Federal (STF) Gilmar Mendes negou pedido de liminar formulado pelo Sindicato dos Servidores do Poder Judiciário do Estado do Rio de Janeiro (Sind-Justiça) em Reclamação (RCL 10798) na qual pede a suspensão de atos da Presidência do Tribunal de Justiça do estado do Rio de Janeiro (TJ-RJ) com o objetivo de inviabilizar uma greve da categoria, iniciada no último dia 19.

---

[19] Especificamente sobre greve no serviço público, v., nesta coletânea, v. 2, p. 90, v. 6, p. 59, v. 7, p. 41, v. 9, p. 110, v. 10, p. 69, v. 12, pp. 35, 39 e 54.

[20] RCL n. 10.798-RJ (Sindicato dos Servidores do Poder Judiciário do Estado do Rio de Janeiro — SIND-JUSTIÇA vs. Presidente do Tribunal de Justiça do Estado do Rio de Janeiro e Corregedor-Geral de Justiça do Estado do Rio de Janeiro. Relator: Min. Gilmar Mendes).

O Sind-Justiça alega descumprimento, por parte do TJ-RJ, de jurisprudência firmada pelo Supremo Tribunal Federal (STF) que garantiu aos servidores públicos o direito de greve. Trata-se das decisões proferidas no julgamento dos Mandados de Injunção (MIs) 712, 670 e 708.

No primeiro deles, impetrado pelo Sindicato dos Trabalhadores do Poder Judiciário do estado do Pará (Sinjep), a Suprema Corte determinou a aplicação da Lei de Greve (Lei 7.783/89), no que couber (levando-se em conta a natureza do serviço público), para assegurar aos servidores o direito de greve, enquanto o Congresso Nacional não votar uma lei regulamentando o artigo 37, inciso VII, da Constituição Federal (CF).

Alegações

O Sind-Justiça afirma que a greve, por tempo indeterminado, foi deflagrada para reclamar o cumprimento de direitos e interesses da categoria supostamente desrespeitados. Entretanto, segundo a entidade, o presidente do TJ-RJ teria divulgado nota, afirmando que "não existe a menor possibilidade de haver greve" e que "aqueles que tentarem sofrerão as consequências do seu ato". Tal atitude, segundo a entidade de classe, visou provocar cerceamento do direito de greve e medo em toda a categoria.

Posteriormente, como alega ainda, a Presidência do TJ editou o Aviso n. 100/2010, no qual afirma que não admitirá "falta injustificada de seus servidores" e declara a "necessidade de manutenção, de forma contínua, da prestação jurisdicional". Ainda conforme o sindicato, foram editados outros atos normativos na tentativa de obstaculizar o movimento.

Liminar negada

Relator da ação, o ministro Gilmar Mendes negou o pedido de liminar, observando não vislumbrar, "num juízo precário, inerente à fase processual, que os atos impugnados veiculem ofensa ao decidido pelo STF no MI 708/DF". Segundo ele, "a complexidade do exercício do direito de greve exige que a administração pública pratique atos tendentes à adequação da lei de greve do setor privado ao regime estatutário, concretizando, ademais, o princípio constitucional da continuidade do serviço essencial, o qual não pode ser abolido pelo legítimo exercício do direito de greve".

O ministro observou, ainda, que "a adesão a um movimento grevista pressupõe riscos em relação a sua legitimidade e a sua legalidade. Assim, ao aderir à greve, o servidor público deve assumir, também, os ônus inerentes ao ato".

Ele recordou que, no julgamento do MI 708/DF, de que foi relator, ressaltou que "a deflagração da greve, em princípio, corresponde à suspensão do contrato de trabalho". Em seu entendimento, "nesse caso, não há que falar propriamente em prestação de serviços, tampouco no pagamento de salários. Como regra geral, portanto, os salários dos dias de paralisação não deverão ser pagos, salvo no caso em que a greve tenha sido provocada justamente por atraso no pagamento ou por outras situações excepcionais que justifiquem o afastamento da premissa da suspensão do contrato de trabalho".

Esse entendimento, ainda conforme o ministro, "decorre do disposto nos julgados dos Mandados de Injunção ns. 670/ES, 708/DF e 712/PA, que provisoriamente estabeleceram a previsão de regulação constitucional e processual da greve pelos servidores públicos estatutários".[21]

Eis a íntegra do decisório:

Trata-se de reclamação, com pedido de medida liminar, proposta pelo Sindicato dos Servidores do Poder Judiciário do Estado do Rio de Janeiro em face do Presidente e do Corregedor-Geral de Justiça do Tribunal de Justiça do Estado do Rio de Janeiro. Narra a inicial que, em Assembleia Geral realizada no dia 15 de setembro de 2010, os servidores do Poder Judiciário do Estado do Rio de Janeiro decidiram pela deflagração de movimento grevista por prazo indeterminado. Não obstante a constitucionalidade do direito de greve, as autoridades reclamadas adotaram medidas tendentes a provocar "cerceamento e medo em toda a categoria" (fl.), consubstanciadas

---

[21] Disponível em: <http://www.stf.jus.br/portal/cms/verNoticiaDetalhe.asp?idConteudo=165238>. Acesso em: 25.12.2010.

na edição do Aviso n. 100/2010, no qual "deixa claro pela redação do ato normativo no uso de seu poder regulamentar o seguinte juízo de valor: a 'falta injustificada de seus servidores'" (fl.). Assevera o sindicato-autor a existência de real possibilidade da superveniência de medidas "consistentes em retaliações, punições ou represálias" (fl.) ao exercício do constitucional direito de greve.

Daí a presente reclamação proposta pelo Sindicato, com pedido liminar, por suposta violação à autoridade da decisão do STF, proferida no Mandado de Injunção n. 708/DF.

No que tange à urgência da pretensão liminar (periculum in mora), *o reclamante alega que existe efetiva possibilidade de dano irreparável ao exercício do direito de greve, em virtude da possível superveniência de "represálias, retaliações e perseguições" (fl.).*

Assim, requer a concessão da medida liminar, para suspender a eficácia dos atos impugnados (Aviso n. 100/2010 e Ato Executivo n. 7733/2010).

Às fls., o Reclamante junta comprovação da edição de 33 atos executivos pelas autoridades reclamadas.

Decido.

A tendência hodierna é de que a reclamação assuma cada vez mais o papel de ação voltada à proteção da ordem constitucional como um todo. Os vários óbices à aceitação da reclamação em sede de controle concentrado de constitucionalidade, inclusive, já foram superados, estando o Supremo Tribunal Federal em condições de ampliar o uso desse importante e singular instrumento da jurisdição brasileira.

A reclamação constitucional — sua própria evolução o demonstra — não mais se destina apenas a assegurar a competência e a autoridade de decisões específicas e bem delimitadas do Supremo Tribunal Federal, mas também constitui-se ação voltada à proteção da ordem constitucional como um todo. A tese da eficácia vinculante dos motivos determinantes da decisão no controle abstrato de constitucionalidade, já adotada pelo Tribunal, confirma esse papel renovado da reclamação como ação destinada a resguardar não apenas a autoridade de uma dada decisão, com seus contornos específicos (objeto e parâmetro de controle), mas a própria interpretação da Constituição levada a efeito pela Corte.

A ampla legitimação e o rito simples e célere — características da reclamação — podem consagrá-la, portanto, como mecanismo processual de eficaz proteção da ordem constitucional, conforme interpretada pelo Supremo Tribunal Federal.

Conforme afirmado no julgamento dos Mandados de Injunção n. 670/ES, n. 708/DF e n. 712/PA, esta Corte passou a promover significativas alterações nesse instituto, conferindo-lhe, assim, conformação mais ampla, para dotá-lo de efeito erga omnes. Nesse sentido é que se asseverou, naqueles julgamentos, uma sinalização para uma nova compreensão deste instituto e a admissão de uma solução normativa para a decisão judicial.

O que se evidencia é a possibilidade das decisões nos referidos mandados de injunção surtirem efeitos não somente em razão dos interesses jurídicos de seus impetrantes, mas também estenderem os seus efeitos normativos para os demais casos que guardem similitude e demandem a aplicação daquele esquema provisório de regulação do exercício do direito de greve pelos servidores públicos estatutários, como parece ocorrer na presente reclamação.

Assim, em regra, a decisão no mandado de injunção, ainda que dotada de caráter subjetivo, comporta uma dimensão objetiva, com eficácia erga omnes, que serve para tantos quantos forem os casos que demandem a concretização de uma omissão geral do Poder Público, seja em relação a uma determinada conduta, seja em relação a uma determinada lei.

Ressalto que os acórdãos desses mandados de injunção têm efeito vinculante, quanto ao decidido e constante na ata de julgamento, por se tratar de matéria de natureza constitucional.

No julgamento do Mandado de Injunção n. 708/DF, de minha relatoria (DJE 31.10.2008), ressaltei que a deflagração da greve, em princípio, corresponde à suspensão do contrato de trabalho. Nesse caso, não há que falar propriamente em prestação de serviços, tampouco no pagamento de salários. Como regra geral, portanto, os salários dos dias de paralisação não deverão ser pagos, salvo no caso em que a greve tenha sido provocada justamente por atraso no pagamento ou por outras situações excepcionais que justifiquem o afastamento da premissa da suspensão do contrato de trabalho.

Esse entendimento decorre do disposto naqueles julgados de mandado de injunção (n. 670/ES, n. 708/DF e n. 712/PA), que provisoriamente estabeleceram a previsão de regulação constitucional e processual da greve pelos servidores públicos estatutários.

Cumpre ressaltar que a adesão a um movimento grevista pressupõe riscos em relação à sua legitimidade e à sua legalidade. Assim, ao aderir à greve, o servidor público deve assumir também os ônus inerentes ao ato. A partir dessas premissas, não vislumbro, num juízo precário, inerente à fase processual, que os atos impugnados veiculem ofensa ao decidido pelo STF no MI n. 708/DF, uma vez que a complexidade do exercício do direito de greve exige que a administração pública pratique atos tendentes à adequação da lei de greve do setor privado ao regime estatutário, concretizando, ademais, o princípio constitucional da continuidade do serviço público essencial, o qual não pode ser abolido pelo legítimo exercício do direito de greve.

Ante o exposto, indefiro o pedido liminar.

Requisitem-se as informações.

Após, à Procuradoria-Geral da República.

Publique-se.[22]

Finalmente, houve desistência do autor, homologada por despacho de 10.11.2010, publicado no DJE n. 220.

2.2. Serviço público. Liminar negada para exercício de greve

O Relator da RCL n. 10.243-SP[23], Min. Ricardo Lewandowski, negou, por despacho de 16.6.2010, liminar em processo sobre greve de servidores do Poder Judiciário do Estado de São Paulo, cuja paralisação foi considerada, pela Corte Estadual, ilegal.

---

[22] Disponível em: <http://www.stf.jus.br/portal/processo/verProcessoAndamento.asp>. Acesso em: 27.12.2010.

[23] RCL n. 10.243-SP, de 16.6.2010 (Associação dos Servidores do Poder Judiciário do Estado de São Paulo *vs.* Relator do Dissídio Coletivo de Greve n. 990102058549, do Tribunal de Justiça do Estado de São Paulo. Intdo.(a/s): Estado de São Paulo e Tribunal de Justiça do Estado de São Paulo. Rel.: Min. Ricardo Lewandowski).

O registro noticioso aponta:

O ministro Ricardo Lewandowski, do Supremo Tribunal Federal (STF), decidiu analisar pedido de liminar proposta pela Associação dos Servidores do Poder Judiciário do Estado de São Paulo (Assojuris) na Reclamação (RCL) 10243. A ação questiona decisão do Tribunal de Justiça paulista que declarou liminarmente a ilegalidade do movimento grevista dos servidores.

Ao propor a reclamação, a associação afirmava que houve desrespeito à decisão da Corte, uma vez que o Plenário do Supremo, no Mandado de Injunção (MI) 712, já garantiu o exercício do direito de greve a todos os servidores públicos. Em análise a um recurso (agravo regimental) interposto pela Assojuris, Lewandowski reconsiderou sua decisão de arquivar a reclamação, conheceu da ação, mas negou a liminar solicitada.

De acordo com ele, apesar de a decisão proferida na Reclamação 6568 ter efeito somente entre as partes — o que não permitiria o ajuizamento da presente reclamação —, o Supremo, por outro lado, no julgamento do MI 712, conferiu excepcionalmente caráter erga omnes *[para todos] a essa decisão. "Assim, o conhecimento desta reclamação, quanto ao descumprimento do MI 712/PA, é em tese possível, o que leva-me a reconsiderar a decisão agravada", ressaltou, ao decidir o pedido de liminar.*

"Este Tribunal, ao deferir a injunção no MI 712/PA, assinalou que as peculiaridades do caso concreto, ao exigirem regime mais severo em relação ao direito de greve, deveriam ser analisadas pelo juízo competente, in casu, *o Tribunal de Justiça do estado de São Paulo", destacou o relator, ministro Ricardo Lewandowski.*

Para ele, não compete ao Supremo verificar "o acerto da decisão proferida pelo juízo competente via reclamação, mas tão somente remover o obstáculo em razão da ausência de lei que discipline o exercício do direito de greve no serviço público". Por esse motivo, indeferiu a liminar.[24]

O despacho tem a seguinte redação:

Trata-se de reclamação, com pedido de medida liminar, proposta pela Associação dos Servidores do Poder Judiciário do

---

[24] Disponível em: <http://www.stf.jus.br/portal/cms/verNoticiaDetalhe.asp?idConteudo=162979>. Acesso em: 25.12.2010.

Estado de São Paulo — ASSOJURIS, contra decisão proferida pelo Des. Elliot Akel do Órgão Especial do Tribunal de Justiça daquele Estado, que teria desrespeitado o quanto decidido por esta Corte nos autos do MI 712/PA e da Rcl 6.568/SP, ambos de relatoria do Min. Eros Grau.

Narra a reclamante que o citado desembargador

"ao proferir a decisão liminar para que o sindicato da categoria 'se abstenha' de promover o movimento, declarou de forma indireta à ilegalidade do movimento, próprio sindicato da categoria (que possui a carga sindical expedida pelo Ministério do Trabalho) estar sendo tolhido o Direito Constitucional do exercício do direito de greve, esculpido no artigo 37, VII da Constituição Federal e por fim contrariando a decisão 'erga omnes' da decisão do Mandado de injunção que frisa-se — garantiu o exercício do Direito de greve de todos os servidores Públicos".

Sustenta, nessa linha, que

"possui legitimidade ativa para propor a presente demanda em defesa dos interesses dos seus associados, tendo em vista que todos os associados estão sendo afetados com graves prejuízos oriundos da decisão liminar que impossibilita o direito Constitucional do exercício do direito de greve por parte dos servidores públicos tendo em vista ter este Colendo Tribunal conferido eficácia erga omnes às decisões proferidas nos julgamentos dos mandados de injunção 670/ES, 708/DF e 712/PA, este último de servidores do Poder Judiciário do Estado do Pará".

Requer, assim, o deferimento de medida liminar para que seja garantido o exercício do direito de greve, por entender que as decisões proferidas por esta Corte nos precedentes invocados (MI 670/ES, Rel. para o acórdão Min. Gilmar Mendes, MI 708/DF, Rel. Min. Gilmar Mendes, e MI 712/PA, Rel. Min. Eros Grau) têm efeito erga omnes.

No mérito, pugna pela procedência do pedido.

É o relatório.

Decido.

Bem analisados os autos, verifico que esta Reclamação foi proposta com o objetivo de garantir a autoridade de decisões proferidas em processos subjetivos (MI 670/ES, Rel. para o acórdão Min. Gilmar Mendes, MI 708/DF, Rel. Min. Gilmar Mendes, e MI 712/PA, Rel. Min. Eros Grau), os quais, como se sabe, vinculam apenas as partes litigantes e o próprio órgão a que se dirige o concernente comando judicial.

Ora, o mandado de injunção destina-se à concretização, caso a caso, do direito constitucional não regulamentado, e, consequentemente, sua decisão tem efeito inter partes.

Nesse sentido, transcrevo a ementa do MI 758/DF, Rel. Min. Marco Aurélio:

"MANDADO DE INJUNÇÃO — NATUREZA. Conforme disposto no inciso LXXI do artigo 5º da Constituição Federal, conceder-se-á mandado de injunção quando necessário ao exercício dos direitos e liberdades constitucionais e das prerrogativas inerentes à nacionalidade, à soberania e à cidadania. Há ação mandamental e não simplesmente declaratória de omissão. A carga de declaração não é objeto da impetração, mas premissa de ordem a ser formalizada.

MANDADO DE INJUNÇÃO — DECISÃO — BALIZAS. Tratando-se de processo subjetivo, a decisão possui eficácia considerada a relação jurídica nele revelada.

APOSENTADORIA — TRABALHO EM CONDIÇÕES ESPECIAIS — PREJUÍZO À SAÚDE DO SERVIDOR — INEXISTÊNCIA DE LEI COMPLEMENTAR — ARTIGO 40, § 4º, DA CONSTITUIÇÃO FEDERAL. Inexistente a disciplina específica da aposentadoria especial do servidor, impõe-se a adoção, via pronunciamento judicial, daquela própria aos trabalhadores em geral — artigo 57, § 1º, da Lei n. 8.213/91" (grifei).

Incabível, dessa forma, o instrumento da reclamação, pois ausente a eficácia geral vinculante dos precedentes citados, cuja relação processual os reclamantes não integraram.

Ressalto, ainda, que o Plenário deste Tribunal reconheceu a validade constitucional da norma legal que inclui, na esfera de atribuições do Relator, a competência para negar seguimento, por meio de decisão monocrática, a recursos, pedidos ou ações, quando inadmissíveis, intempestivos, sem objeto ou que veiculem pretensão incompatível com a jurisprudência predominante deste Tribunal:

"A tese dos impetrantes, da suposta incompetência do relator para denegar seguimento a mandado de segurança, encontra firme repúdio neste Tribunal. A Lei 8.038/90, art. 38, confere-lhe poderes processuais, para, na direção e condução do processo, assim agir. Agravo regimental improvido" (MS 21.734-AgR/MS, Rel. Min. Ilmar Galvão).

Nesse sentido, nos termos do art. 21, § 1º, do RISTF, poderá o Relator:

"negar seguimento a pedido ou recurso manifestamente inadmissível, improcedente ou contrário à jurisprudência dominante ou à Súmula do Tribunal, deles não conhecer em caso de incompetência manifesta, encaminhando os autos ao órgão que repute competente, bem como cassar ou reformar, liminarmente, acórdão contrário à orientação firmada nos termos do art. 543-B do Código de Processo Civil" (grifei).

Isso posto, nego seguimento a esta reclamação (RISTF, art. 21, § 1º). Prejudicado, pois, o exame da medida liminar.

Publique-se.[25]

2.3. Impedimento de corte de ponto

O Relator da RCL n. 10.580-DF, Min. Carlos Ayres Britto, por despacho de 11.10.2010, não concedeu a liminar que pretendia a União, mantendo a decisão do Superior Tribunal de Justiça que suspendera ato do Tribunal Superior do Trabalho, a fim de não descontar os dias de greve dos servidores públicos que praticaram o movimento.

Registra o noticiário a respeito o seguinte:

O ministro Ayres Britto negou liminar solicitada ao Supremo Tribunal Federal (STF) na Reclamação (RCL) 10580. Nela, a União

---
[25] Disponível em: <http://www.stf.jus.br/portal/processo/verProcessoAndamento.asp>. Acesso em: 25.12.2010.

alega que uma decisão do Superior Tribunal de Justiça (STJ) teria desrespeitado o entendimento do STF sobre greve de servidores públicos no Mandado de Injunção (MI) 708. O mérito do pedido será julgado posteriormente.

Conforme a reclamação, o STJ suspendeu o Ato 258/2010, do Tribunal Superior do Trabalho (TST), que determinava o desconto dos rendimentos dos servidores do Poder Judiciário referentes aos dias de greve, impossibilitando a compensação de dias e impedindo o abono e cômputo de tempo de serviço ou qualquer vantagem que o tivesse por base. A decisão do STJ atendeu a um pedido do Sindicato dos Trabalhadores do Poder Judiciário e do Ministério Público da União no Distrito Federal (SINDJUS/DF).

Ao recorrer ao Supremo, a União alega que o STJ desrespeitou o entendimento firmado pelo STF no julgamento do Mandado de Injunção (MI) 708. Na ocasião do julgamento, em 2007, o Plenário da Corte reconheceu a omissão do Congresso Nacional em regulamentar o exercício do direito de greve no setor público e decidiu que, enquanto a situação persistir, aplica-se, no que couber, a lei de greve da iniciativa privada (Lei n. 7.783/89).

Decisão

"Pontuo, de saída, que o poder de cautela dos magistrados é exercido num juízo provisório em que se mesclam num mesmo tom a urgência da decisão e a impossibilidade de aprofundamento analítico do caso", disse o ministro Ayres Britto. Segundo ele, "se se prefere, impõe-se aos magistrados condicionar seus provimentos acautelatórios à presença, nos autos, dos requisitos da plausibilidade jurídica do direito (fumus boni juris) e do perigo da demora na prestação jurisdicional (periculum in mora), perceptíveis de plano".

Portanto, o relator entendeu que os requisitos deveriam ser aferidos primo oculi (à primeira vista). "Não sendo de se exigir, do julgador, uma aprofundada incursão no mérito do pedido ou na dissecação dos fatos que lhe dão suporte, senão incorrendo em antecipação do próprio conteúdo da decisão definitiva", ressaltou.

Ayres Britto analisou que no caso não estão presentes, em um primeiro momento, os requisitos necessários à concessão do pedido. Isto porque, segundo ele, o Supremo no julgamento do MI 708, "não discriminou, taxativamente, as hipóteses em que persistiria o pagamento da remuneração dos servidores, não obstante o movimento grevista. Ao contrário, remeteu a análise de cada caso concreto aos tribunais".

De acordo com o relator, o STJ apenas exerceu a competência que lhe foi reconhecida pelo Supremo Tribunal Federal. "Fundado na excepcionalidade do caso concreto, o reclamado, Ministro Castro Meira, por meio de decisão monocrática, determinou que a União se abstivesse de 'cortar o ponto' dos servidores", disse o ministro Ayres Britto, ao indeferir a liminar.[26]

O descacho tem a seguinte teor:

Vistos, etc.

Trata-se de reclamação constitucional, aparelhada com pedido de medida liminar, proposta pela União, contra ato do Superior Tribunal de Justiça. Ato consubstanciado em decisão proferida nos autos da Petição n. 7.960/DF.

2. Argui a autora que o Sindicato dos Trabalhadores do Poder Judiciário e do Ministério Público da União no Distrito Federal — SINDJUS/DF ajuizou ação coletiva "com a finalidade de ver declarada a ilegalidade do Ato n. 258/2010, do Presidente do Tribunal Superior do Trabalho, sob o fundamento de que os servidores públicos grevistas teriam o direito de perceber a remuneração atinente aos dias não trabalhados durante o movimento paredista, bem como a ver computados, como efetivo serviço, esse período". Finalidade que foi atingida por meio do deferimento de tutela antecipada pelo Ministro Castro Meira, do Superior Tribunal de Justiça.

3. Sustenta a reclamante violação ao acórdão deste Supremo Tribunal Federal no MI 708. Alega, preliminarmente, o cabimento da ação reclamatória, pois a decisão proferida por esta nossa

---

[26] RCL n. 10.580-DF, de 11.10.2010 (União vs. Relator da PET n. 7.960 do Superior Trabalho de Justiça. Intdo.: Sindicato dos Servidores do Poder Judiciário do Ministério Público da União no Distrito Federal — SINDJUS/DF. Relator: Min. Carlos Ayres Britto). Disponível em: <http://www.stf.jus.br/portal/cms/verNoticiaDetalhe.asp?idConteudo=164467>. Acesso em: 25.12.2010.

Corte em mandado de injunção teria eficácia erga omnes e efeito vinculante. Afirma que, "no julgamento do Mandado de Injunção n. 708/DF, [este] Supremo Tribunal Federal deixou claramente consignado que a deflagração da greve, em princípio, corresponde à suspensão do contrato de trabalho (...), do que decorre a inexigibilidade de pagamento de salários". Aduz que esta "Corte não se omitiu em elencar as hipóteses em que, inobstante a paralisação, o dever do pagamento dos salários subsiste". Hipóteses que consistiriam apenas "nos casos em que a greve tenha sido provocada por atraso no pagamento ou por outras situações excepcionais que justifiquem o tratamento diferenciado". Daí concluir que a decisão impeditiva do "corte de ponto" dos servidores grevistas, "sem que a greve deflagrada esteja abarcada pelas exceções acima descritas, destoa dos parâmetros estabelecidos por [este] Supremo Tribunal Federal, o que impõe sua imediata suspensão".

4. Feito esse aligeirado relato da causa, passo à decisão. Fazendo-o, pontuo, de saída, que o poder de cautela dos magistrados é exercido num juízo provisório em que se mesclam num mesmo tom a urgência da decisão e a impossibilidade de aprofundamento analítico do caso. Se se prefere, impõe-se aos magistrados condicionar seus provimentos acautelatórios à presença, nos autos, dos requisitos da plausibilidade jurídica do pedido (fumus boni juris) e do perigo da demora na prestação jurisdicional (periculum in mora), perceptíveis de plano. Requisitos a ser aferidos primo oculi, portanto. Não sendo de se exigir, do julgador, uma aprofundada incursão no mérito do pedido ou na dissecação dos fatos que a este dão suporte, senão incorrendo em antecipação do próprio conteúdo da decisão definitiva.

5. No caso, não tenho como presentes os requisitos necessários à concessão da medida liminar. É que, a meu juízo, este Supremo Tribunal Federal, no MI 708, não discriminou, taxativamente, as hipóteses em que persistiria o pagamento da remuneração dos servidores, não obstante o movimento grevista. Ao contrário, remeteu a análise de cada caso concreto aos tribunais. Leia-se do voto do Ministro Gilmar Mendes, relator do mencionado mandado de injunção, in verbis:

"Revela-se importante, nesse particular, ressaltar que a par da competência para o dissídio de greve em si — no qual se discute *a abusividade, ou não, da greve — também os referidos tribunais, nos seus respectivos âmbitos, serão competentes para decidir acerca do mérito do pagamento, ou não, dos dias de paralisação em consonância com a excepcionalidade com a qual esse juízo se reveste.*

Nesse particular, nos termos do art. 7º da Lei n. 7.783/1989, a deflagração da greve, em princípio, corresponde à suspensão do contrato de trabalho. Na suspensão do contrato de trabalho não há falar propriamente em prestação de serviços, nem tampouco no pagamento de salários. Como regra geral, portanto, os salários dos dias de paralisação não deverão ser pagos, salvo no caso em que a greve tenha sido provocada justamente por atraso no pagamento <u>ou por outras situações excepcionais que justifiquem o afastamento da premissa da suspensão do contrato de trabalho</u>.

Os tribunais mencionados também serão competentes para apreciar e julgar medidas cautelares eventualmente incidentes relacionadas ao exercício do direito de greve dos servidores públicos civis (...)."

6. *Ora, o que fez o Superior Tribunal de Justiça foi apenas exercer a competência que esta nossa Corte lhe reconheceu. Fundado na excepcionalidade do caso concreto, o reclamado, Ministro Castro Meira, por meio de decisão monocrática, determinou que a União se abstivesse de "cortar o ponto" dos servidores. Confira-se:*

"Naquela oportunidade, fixou-se, outrossim, provisoriamente a competência desta Corte para decidir as ações ajuizadas visando ao exercício do direito de greve pelos servidores públicos civis quando a paralisação for de âmbito nacional ou abranger mais de uma unidade da federação, bem como, definiu-se que 'os tribunais, nos âmbitos de sua jurisdição, serão competentes para decidir acerca do mérito do pagamento, ou não, dos dias de paralisação em consonância com a excepcionalidade de que esse juízo se reverte'.

(...)

Assim, havendo prova inequívoca da verossimilhança das alegações e estando provado o dano de difícil reparação, já que o desconto remuneratório afeta diretamente o sustento do servidor e seus dependentes, é razoável suspender os efeitos do ato GP n. 258/2010, de 1º de junho de 2010, da Presidência do Tribunal Superior do Trabalho (e-STJ fls. 68-69).

Saliento que não se está declarando o direito ao percebimento da remuneração independentemente do trabalho, mas que, em juízo de cognição sumária, são desprovidas de razoabilidade as determinações constantes do ato ora impugnado, sendo certo que as consequências remuneratórias do movimento paredista serão devidamente apreciadas no julgamento de mérito da ação em que se discute a legalidade da greve, a Pet 7939/DF."

7. Ante o exposto, indefiro a liminar. Solicitem-se informações ao reclamado. Após, encaminhe-se o processo ao Procurador--Geral da República.

Intime-se.

Publique-se.[27]

---

[27] Disponível em: <http://www.stf.jus.br/portal/processo/verProcessoAndamento.asp>. Acesso em: 27.12.2010.

PARTE III

DIREITO PROCESSUAL

1. ACÓRDÃO. FUNDAMENTAÇÃO

Importante decisão, que ganhou repercussão geral, foi a tomada pelo STF no julgamento do AI 791.292-PE, em 23.6.2010, da relatoria do Min. Gilmar Mendes, quando ficou expresso que a Constituiçlão da República exige que a decisão judicial seja fundamentada, mas não que se realize exame pormenorizado de todas as alegações das partes.

Noticiou a Suprema Corte o seguinte:

> A Constituição Federal de 1988 exige que o acórdão ou decisão seja fundamentado, ainda que sucintamente, mas não estabelece o exame pormenorizado de cada uma das alegações ou provas. Ao reafirmar essa jurisprudência, o Supremo Tribunal Federal (STF) negou provimento a um recurso em que o HSBC Bank Brasil questionava decisão do Tribunal Superior do Trabalho (TST), que não admitiu a subida para a Corte Suprema de um Recurso Extraordinário envolvendo temas como indenização por dano moral, adicional noturno e diferença salarial.
>
> A instituição sustentava que o acórdão da corte trabalhista não teria sido devidamente fundamentado. Para o banco, o TST se recusou a analisar a totalidade das premissas apresentadas no recurso de revista e que isso teria caracterizado negativa de prestação jurisdicional.
>
> Ao analisar a questão na tarde desta quarta-feira (23), o relator da matéria, ministro Gilmar Mendes, frisou que a Constituição Federal não exige o exame pormenorizado de cada uma das alegações apresentadas pelas partes. Exige apenas, explicou o ministro, que a decisão esteja motivada. Segundo Gilmar Mendes, a sentença e o acórdão do TST questionados pela instituição bancária não descumpriram esse requisito. A decisão da corte trabalhista está de acordo com essa orientação, haja vista terem sido explicitadas as razões suficientes para o convencimento do julgador, concluiu.

Assim, ao negar provimento ao mérito do recurso extraordinário, o Plenário, vencido apenas o ministro Marco Aurélio, decidiu reconhecer a existência de repercussão geral na matéria, para reafirmar a jurisprudência da Corte, segundo a qual "o artigo 93, inciso IX, da Constituição Federal exige que o acórdão ou decisão sejam fundamentados, ainda que sucintamente, sem estabelecer todavia o exame pormenorizado de cada uma das alegações ou provas".[28]

Ao tema foi dada repercussão geral, conforme decisão também de 23.6.2010, cuja ementa é:

Questão de ordem. Agravo de Instrumento. Conversão em recurso extraordinário (CPC, art. 544, §§ 3º e 4º). 2. Alegação de ofensa aos incisos XXXV e LX do art. 5º e ao inciso IX do art. 93 da Constituição Federal. Inocorrência. 3. O art. 93, IX, da Constituição Federal exige que o acórdão ou decisão sejam fundamentados, ainda que sucintamente, sem determinar, contudo, o exame pormenorizado de cada uma das alegações ou provas, nem que sejam corretos os fundamentos da decisão. 4. Questão de ordem acolhida para reconhecer a repercussão geral, reafirmar a jurisprudência do Tribunal, negar provimento ao recurso e autorizar a adoção dos procedimentos relacionados à repercussão geral.[29]

---

[28] AI n. 791.292-PE, de 23.06.2010 (HSBC Bank Brasil S.A. — Banco Múltiplo vs. Fernando Soares de Lima. Relator: Min. Filmar Mendes). Disponível em: http://www.stf.jus.br/portal/cms/verNoticiaDetalhe.asp?idConteudo=154943>. Acesso em: 24.6.2010.

[29] Disponível em: http://www.stf.jus.br/portal/jurisprudencia/listarJurisprudencia.asp?s1=%28AI%24%2ESCLA%2E+E+791292%2ENUME%2E%29+OU+%28AI%2EPRCR%2E+ADJ2+791292%2EPRCR%2E%29&base=baseRepercussao>. Acesso em: 28.12.2010.

2. DIREITO DE DEFESA. CRÍTICA À SENTENÇA. DIREITO DO ADVOGADO

A 2ª Turma do STF, julgando a 15.12.2009, com divulgação a 5.8.2010, o HC n. 98.237-SP[30], acompanhou o Relator, Min. Celso de Mello, e determinou a suspensão de processo criminal, sustando inclusive a prolação de eventual sentença, em favor do advogado paciente que, recorrendo de sentença de 1º grau, teria usado expressões que importariam em prática de crimes de calúnia, injúria e difamação contra o magistrado.

Diz a ementa do *decisum*:

> *HABEAS CORPUS — CRIMES CONTRA A HONRA — PRÁTICA ATRIBUÍDA A ADVOGADOS — REPRESENTAÇÃO FORMULADA POR MAGISTRADO EM DECORRÊNCIA DE MANIFESTAÇÃO PROCESSUAL PRODUZIDA PELO PACIENTE (E POR SEU COLEGA ADVOGADO) EM SEDE DE RAZÕES DE APELAÇÃO — PROTESTO E CRÍTICA POR ELES FORMULADOS, EM TERMOS OBJETIVOS E IMPESSOAIS, CONTRA OS FUNDAMENTOS EM QUE SE SUSTENTAVA A DECISÃO RECORRIDA — INTANGIBILIDADE PROFISSIONAL DO ADVOGADO — AUSÊNCIA DO "ANIMUS CALUMNIANDI VEL DIFFAMANDI" — EXERCÍCIO LEGÍTIMO, NA ESPÉCIE, DO DIREITO DE CRÍTICA, QUE ASSISTE AOS ADVOGADOS EM GERAL E QUE SE REVELA OPONÍVEL A QUALQUER AUTORIDADE PÚBLICA, INCLUSIVE AOS PRÓPRIOS MAGISTRADOS — "ANIMUS NARRANDI VEL DEFENDENDI" — CONSEQUENTE DESCARACTERIZAÇÃO DOS TIPOS PENAIS — ACUSAÇÃO DEDUZIDA PELO*

---

[30] HC n. 98.237-SP, 15.12.2009 (Sérgio Roberto de Niemeyer Salles. Impte.: Conselho Federal da Ordem dos Advogados do Brasil *vs*. Relatora do HC n. 129.896, do Superior Tribunal de Justiça. Relator: Min. Celso de Mello).

MINISTÉRIO PÚBLICO QUE ATRIBUIU, AOS ADVOGADOS, A SUPOSTA PRÁTICA DOS CRIMES DE CALÚNIA, DIFAMAÇÃO E INJÚRIA — DENÚNCIA QUE EXTRAPOLOU OS LIMITES MATERIAIS DOS FATOS NARRADOS PELO AUTOR DA REPRESENTAÇÃO (MAGISTRADO FEDERAL), QUE PRETENDIA, UNICAMENTE, A RESPONSABILIZAÇÃO PENAL DOS ADVOGADOS PELO DELITO DE INJÚRIA — ATUAÇÃO "ULTRA VIRES" DO MINISTÉRIO PÚBLICO — INADMISSIBILIDADE — AUSÊNCIA DE JUSTA CAUSA PARA A AÇÃO PENAL — LIQUIDEZ DOS FATOS — POSSIBILIDADE DE CONTROLE JURISDICIONAL EM SEDE DE "HABEAS CORPUS" — EXTINÇÃO DO PROCESSO PENAL DE CONDENAÇÃO — AFASTAMENTO, EM CARÁTER EXCEPCIONAL, NO CASO CONCRETO, DA INCIDÊNCIA DA SÚMULA 691/STF — "HABEAS CORPUS" CONCEDIDO DE OFÍCIO, COM EXTENSÃO DOS SEUS EFEITOS AO CORRÉU, TAMBÉM ADVOGADO.

REPRESENTAÇÃO E DENÚNCIA: LIMITAÇÃO MATERIAL QUE RESULTA DO FATO OBJETO DA DELAÇÃO POSTULATÓRIA.

— O fato que constitui objeto da representação oferecida pelo ofendido (ou, quando for o caso, por seu representante legal) traduz limitação material ao poder persecutório do Ministério Público, que não poderá, agindo "ultra vires", proceder a uma indevida ampliação objetiva da "delatio criminis" postulatória, para, desse modo, incluir, na denúncia, outros delitos cuja perseguibilidade, embora dependente de representação, não foi nesta pleiteada por aquele que a formulou. Precedentes.

— A existência de divórcio ideológico resultante da inobservância, pelo Ministério Público, da necessária correlação entre os termos da representação e o fato dela objeto, de um lado, e o conteúdo ampliado da denúncia oferecida pelo órgão da acusação estatal, de outro, constitui desrespeito aos limites previamente delineados pelo autor da delação postulatória e representa fator de deslegitimação da atuação processual do "Parquet". Hipótese em que o Ministério Público ofereceu denúncia por suposta prática dos crimes de calúnia, difamação e injúria, não obstante pleiteada, unicamente, pelo magistrado autor da delação postulatória (representação), instauração de "persecutio criminis" pelo delito de injúria. Inadmissibilidade dessa ampliação objetiva da acusação penal.

INVIOLABILIDADE DO ADVOGADO — CRIMES CONTRA A HONRA — ELEMENTO SUBJETIVO DO TIPO — O "ANIMUS DEFENDENDI" COMO CAUSA DE DESCARACTERIZAÇÃO DO INTUITO CRIMINOSO DE OFENDER.

— A inviolabilidade constitucional do Advogado: garantia destinada a assegurar-lhe o pleno exercício de sua atividade profissional.

— A necessidade de narrar, de defender e de criticar atua como fator de descaracterização do tipo subjetivo peculiar aos delitos contra a honra. A questão das excludentes anímicas. Doutrina. Precedentes.

— Os atos praticados pelo Advogado no patrocínio técnico da causa, respeitados os limites deontológicos que regem a sua atuação como profissional do Direito e que guardem relação de estrita pertinência com o objeto do litígio, ainda que expressem críticas duras, veementes e severas, mesmo se dirigidas ao Magistrado, não podem ser qualificados como transgressões ao patrimônio moral de qualquer dos sujeitos processuais, eis que o "animus defendendi" importa em descaracterização do elemento subjetivo inerente aos crimes contra a honra. Precedentes.

O EXERCÍCIO DA ADVOCACIA E A NECESSIDADE DE RESPEITO ÀS PRERROGATIVAS PROFISSIONAIS DO ADVOGADO.

— O Supremo Tribunal Federal tem proclamado, em reiteradas decisões, que o Advogado — ao cumprir o dever de prestar assistência àquele que o constituiu, dispensando-lhe orientação jurídica perante qualquer órgão do Estado — converte, a sua atividade profissional, quando exercida com independência e sem indevidas restrições, em prática inestimável de liberdade. Qualquer que seja a instância de poder perante a qual atue, incumbe, ao Advogado, neutralizar os abusos, fazer cessar o arbítrio, exigir respeito ao ordenamento jurídico e velar pela integridade das garantias — legais e constitucionais — outorgadas àquele que lhe confiou a proteção de sua liberdade e de seus direitos.

— O exercício do poder-dever de questionar, de fiscalizar, de criticar e de buscar a correção de abusos cometidos por órgãos *públicos e por agentes e autoridades do Estado, inclusive magistrados, reflete prerrogativa indisponível do Advogado, que não pode, por isso mesmo, ser injustamente cerceado na prática legítima de atos que visem a neutralizar situações configuradoras de arbítrio estatal ou de desrespeito aos direitos daquele em cujo favor atua.*

— O respeito às prerrogativas profissionais do Advogado constitui garantia da própria sociedade e das pessoas em geral, porque o Advogado, nesse contexto, desempenha papel essencial na proteção e defesa dos direitos e liberdades fundamentais.

CONTROLE JURISDICIONAL DA ATIVIDADE PERSECUTÓRIA DO ESTADO: UMA EXIGÊNCIA INERENTE AO ESTADO DEMOCRÁTICO DE DIREITO.

— O Estado não tem o direito de exercer, sem base jurídica idônea e suporte fático adequado, o poder persecutório de que se acha investido, pois lhe é vedado, ética e juridicamente, agir de modo arbitrário, seja fazendo instaurar investigações policiais infundadas, seja promovendo acusações formais temerárias, notadamente naqueles casos em que os fatos subjacentes à "persecutio criminis" revelam-se destituídos de tipicidade penal. Precedentes.

— A extinção anômala do processo penal condenatório, em sede de "habeas corpus", embora excepcional, revela-se possível, desde que se evidencie — com base em situações revestidas de liquidez — a ausência de justa causa. Para que tal se revele possível, impõe-se que inexista qualquer situação de dúvida objetiva quanto aos fatos subjacentes à acusação penal ou, até mesmo, à própria condenação criminal. Precedentes.[31]

---

[31] Disponível em: <http://www.stf.jus.br/portal/processo/verProcessoAndamento.asp>. Acesso em: 26.12.2010.

3. SUSTENTAÇÃO ORAL. ADVOGADO. ADIN[32]

Decidiu o Pleno do STF, a 17.5.2006, a ADIn n. 1.105-7-DF[33], originalmente relatada pelo Min. Marco Aurélio, tendo sido prolator do acórdão o Min. Ricardo Lewandowski, e a decisão foi publicada a 4.6.2010. Pelo decidido, a sustentação oral pelo advogado não pode ocorrer após haver votado o relator do processo, pena de violar o *due process of law*. Em consequência, o Excelso Pretório declarou inconstitucional o art. 7º, IX, do Estatuto da Advocacia.

A ementa do aresto é a seguinte:

AÇÃO DIRETA DE INCONSTITUCIONALIDADE. ART. 7º, IX, DA LEI 8.906, DE 4 DE JULHO DE 1994. ESTATUTO DA ADVOCACIA E A ORDEM DOS ADVOGADOS DO BRASIL. SUSTENTAÇÃO ORAL PELO ADVOGADO APÓS O VOTO DO RELATOR. IMPOSSIBILIDADE. AÇÃO DIRETA JULGADA PROCEDENTE.

I — A sustentação oral pelo advogado, após o voto do Relator, afronta o devido processo legal, além de poder causar tumulto processual, uma vez que o contraditório se estabelece entre as partes.

II — Ação direta de inconstitucionalidade julgada procedente para declarar a inconstitucionalidade do art. 7º, IX, da Lei 8.906, de 4 de julho de 1994.[34]

---

[32] Sobre sustentação oral, v., nesta coletânea, v. 6, p. 164, e v. 7, p. 53.

[33] ADI n. 1.105-DF, de 17.05.2006 (Procurador-Geral da República *vs.* Presidente da República e Congresso Nacional. (Intdo.: Conselho Federal da Ordem dos Advogados do Brasil). Redator do Acórdão: Min. Ricardo Lewandowski).

[34] Disponível em: <http://www.stf.jus.br/portal/processo/verProcessoAndamento.asp>. Acesso em: 29.12.2010.

4. EXECUÇÃO. PRESCRIÇÃO. PRAZO

A Min. Ellen Gracie decidiu, a 19.10.2010, não acolher a RCL n. 10.776-PR[35], onde os reclamantes pretendiam sustar o andamento de uma execução trabalhista que, há 10 anos, se achava arquivada. Entendeu não caber esse remédio na hipótese, em face da existência de recurso próprio.

O noticiário é o seguinte:

> *Por meio de uma Reclamação (Rcl 10776), dois empresários paranaenses pedem ao Supremo Tribunal Federal (STF) a suspensão de uma ação trabalhista que, segundo eles, deve ser considerada prescrita.*
>
> *A ação tramita na Justiça do Trabalho de Paranaguá (PR) e foi proposta em 1996 contra uma empresa de fertilizantes. No ano seguinte, a ação transitou em julgado e foi expedido um mandado de citação para pagamento quando, na ocasião, a empresa ofereceu bens para a penhora, mediante carta precatória, para o pagamento.*
>
> *A forma de pagamento foi rejeitada pelo autor da ação. E, em 1998, ele pediu 30 dias para providenciar junto à Junta Comercial do Paraná uma certidão resumida da empresa, mas, neste requerimento, não pediu o prosseguimento da ação. Diante da situação, após os 30 dias o juiz responsável determinou o arquivamento provisório e assim o processo permaneceu até 2008.*
>
> *De acordo com os empresários, embora tenha ocorrido a "prescrição intercorrente" o autor da ação pediu o prosseguimento do processo 10 anos depois. O juiz, além de conceder o pedido,*

---

[35] RCL n. 10.776-PR, de de 19.10.2010 (Almir Jorge Bombonatto e Valdecio Antonio Bombonato *vs.* Juiz do Trabalho da 1ª Vara do Trabalho de Paranaguá/PR. Rel.: Min. Ellen Gracie).

incluiu os sócios da empresa na causa "sem justificar os motivos que ocasionaram tal decisão". Os sócios, no caso, são os empresários que recorrem ao Supremo por meio da reclamação.

Segundo a defesa dos empresários, ao não aplicar a prescrição intercorrente na Justiça do Trabalho, o juiz desrespeitou a Súmula 327 do STF. O texto desta súmula diz que o direito trabalhista admite a prescrição intercorrente, ao contrário do que decidiu o juiz "por sua conta e risco".

Com esses argumentos, pedem liminar para suspender a tramitação do processo e, no mérito, querem que seja declarada a prescrição da ação trabalhista.

A relatora é a ministra Ellen Gracie.[36]

O despacho ministerial negou a postulação nos seguintes termos:

1. Trata-se de reclamação, com pedido de medida liminar, ajuizada por Almir Jorge Bombonatto e Valdecio Antonio Bombonatto, fundamentada nos arts. 102, I, l, e 103-A, § 3º, da Constituição Federal; 13 e seguintes da Lei 8.038/1990; e 156 e seguintes do RISTF, contra decisão proferida pelo Juízo da 1ª Vara do Trabalho de Paranaguá — PR nos autos da Reclamação Trabalhista 00703/1996 (Processo 00703-1996-022-09-00-7).

A decisão impugnada determinou a inclusão da empresa Aduquímica Adubos Químicos Ltda. no polo passivo da execução trabalhista, dada a sua condição de sócia da empresa Fertile Fertilizantes Especiais Ltda., bem como a desconsideração da personalidade jurídica da primeira empresa, incluindo os ora reclamantes também no polo passivo da demanda.

Dizem os reclamantes que a reclamatória trabalhista em questão foi ajuizada por Romeu Mikus contra Fertile Fertilizantes Especiais Ltda. em 08.4.1996, tendo ocorrido o trânsito em julgado da decisão condenatória, motivo por que expediu-se mandado de citação para pagamento e a executada ofereceu bens à penhora, cuja nomeação foi rejeitada pelo exequente.

---

[36] Disponível em: <http://www.stf.jus.br/portal/cms/verNoticiaDetalhe.asp?idConteudo=164163>. Acesso em: 25.12.2010.

Narram que o exequente requereu o prazo de trinta dias para que pudesse providenciar certidão da Junta Comercial de Paranaguá, não tendo requerido o prosseguimento da execução.

Noticiam que, transcorrido o mencionado prazo, diante da inércia do exequente, o Juízo da 1ª Vara do Trabalho de Paranaguá determinou, em 18.11.1998, o arquivamento provisório da execução.

Aduzem que o feito permaneceu inerte desde o arquivamento até 09.5.2008, quando o exequente requereu o prosseguimento da execução.

Alegam que, após esse decurso de tempo, "operou-se no referido caso a chamada prescrição intercorrente".

Sustentam, em síntese, a ocorrência de afronta à Súmula STF 327, porquanto o Juízo da 1ª Vara do Trabalho de Paranaguá, em exceção de pré-executividade, "decidiu não aplicar a prescrição intercorrente na Justiça do Trabalho".

Requerem, ao final, o afastamento da decisão impugnada "para o restabelecimento da ordem jurídico-constitucional vigente".

2. A via estreita da reclamação (Constituição, art. 102, I, l) pressupõe a ocorrência de usurpação de competência originária do Supremo Tribunal Federal, a desobediência a súmula vinculante ou o descumprimento de decisão desta Corte proferida no exercício de controle abstrato de constitucionalidade ou em controle difuso, desde que neste último caso cuide-se da mesma relação jurídica em apreço na reclamação e das mesmas partes.

Logo, seu objeto é e só pode ser a verificação de uma dessas estritas hipóteses, razão pela qual considero necessário o máximo rigor na verificação dos pressupostos específicos da reclamação constitucional, sob pena de seu desvirtuamento.

3. Observe-se, de início, que não houve usurpação de competência do Supremo Tribunal Federal no julgamento da decisão ora impugnada.

4. Saliente-se que não se alega na presente reclamação ofensa à autoridade de decisão alguma desta Corte proferida no exercício de controle abstrato de constitucionalidade.

5. Destaque-se ainda que o presente caso não se subsume a súmula vinculante alguma (art. 103-A, § 3º, da Constituição Federal).

O art. 103-A, § 3º, da Constituição Federal tem a seguinte redação:

"Art. 103-A. O Supremo Tribunal Federal poderá, de ofício ou por provocação, mediante decisão de dois terços dos seus membros, após reiteradas decisões sobre matéria constitucional, aprovar súmula que, a partir de sua publicação na imprensa oficial, terá efeito vinculante em relação aos demais órgãos do Poder Judiciário e à administração pública direta e indireta, nas esferas federal, estadual e municipal, bem como proceder à sua revisão ou cancelamento, na forma estabelecida em lei.

(...)

§ 3º Do ato administrativo ou decisão judicial que contrariar a súmula aplicável ou que indevidamente a aplicar, caberá reclamação ao Supremo Tribunal Federal que, julgando-a procedente, anulará o ato administrativo ou cassará a decisão judicial reclamada, e determinará que outra seja proferida com ou sem a aplicação da súmula, conforme o caso".

Saliente-se que a inserção do art. 103-A, § 3º, no texto da Constituição Federal não tornou impugnável pela via da reclamação o desrespeito às súmulas anteriormente editadas por esta Corte, consoante se infere do art. 8º da Emenda Constitucional 45/2004.

Ressalte-se que esta Suprema Corte, ao julgar a Reclamação 5.082-AgR/DF, de que fui relatora, Plenário, DJ 04.5.2007, consignou expressamente que os Tribunais não estão obrigados a adotar o entendimento estabelecido em súmula não vinculante do STF.

O Plenário desta Corte, ao julgar a Reclamação 5.063-AgR/SP, rel. Min. Carlos Britto, ratificou esse entendimento nos termos da seguinte ementa:

"AGRAVO REGIMENTAL. DECISÃO QUE NEGOU SEGUIMENTO A RECLAMAÇÃO EM QUE SE ALEGAVA DESCUMPRIMENTO A SÚMULA DO SUPREMO TRIBUNAL FEDERAL, DESPIDA DE EFEITO VINCULANTE.

1. Eventual descumprimento de súmula do Supremo Tribunal Federal, mas desprovida de efeito vinculante, não autoriza o manejo da reclamação.

2. Agravo a que se nega provimento." (DJe 25.9.2009, destaquei).

No mesmo sentido foi o acórdão proferido pelo Plenário do Supremo Tribunal Federal no julgamento da Reclamação 6.531-AgR/SC, rel. Min. Cármen Lúcia:

"EMENTA: AGRAVO REGIMENTAL NA RECLAMAÇÃO. MANDADO DE SEGURANÇA. EFEITOS DA DECISÃO. ALEGAÇÃO DE AFRONTA À SÚMULA 271 DO SUPREMO TRIBUNAL FEDERAL. AGRAVO REGIMENTAL AO QUAL SE NEGA PROVIMENTO.

Não cabe reclamação fundamentada na afronta a súmula do Supremo Tribunal Federal sem efeito vinculante. Precedentes." *(DJe 20.11.2009, destaquei).*

Recentemente, esta Suprema Corte consolidou esse entendimento, ao julgar a Reclamação 9.646-AgR/MG, rel. Min. Dias Toffoli, DJe 14.6.2010.

6. Constata-se, também, no pedido deduzido pelos reclamantes, nítida existência de caráter recursal infringente, e por essa razão não merece acolhida porque a reclamação não pode ser utilizada como sucedâneo de recursos ou ações cabíveis, conforme reiterada jurisprudência do Supremo Tribunal Federal (Reclamações 603/RJ, rel. Min. Carlos Velloso, Plenário, DJ 12.02.1999; 968/DF, rel. Min. Marco Aurélio, Plenário, DJ 29.6.2001; 2.933-MC/MA, rel. Min. Joaquim Barbosa, DJ 14.3.2005; 2.959/PA, rel. Min. Ayres Britto, DJ 09.02.2005).[37]

---

[37] Disponível em: <http://www.stf.jus.br/portal/processo/verProcessoAndamento.asp>. Acesso em: 29.12.2010.

PARTE IV

SERVIÇO PÚBLICO

1. CNJ. ATIVIDADE CENSÓRIA. POSSIBILIDADE

Apreciando o MS n. 28.801-DF[38], o Min. Celso de Mello, a 02.8.2010, determinou, em sede cautelar, a suspensão de decisão do Conselho Nacional de Justiça, proferida em processo administrativo disciplinar, que, julgando procedente as acusações, aposentara compulsoriamente magistrado do Estado do Mato Grosso, porque poderia não ter sido observado o caráter de subsidiariedade do CNJ, que possui, conforme a manifestação ministerial, *competência complementar em matéria correicional, disciplinar e administrativa.*

A decisão, proferida ao exame da medida cautelar, é a seguinte:

CONSELHO NACIONAL DE JUSTIÇA. JURISDIÇÃO CENSÓRIA. APURAÇÃO DA RESPONSABILIDADE DISCIPLINAR DE MAGISTRADOS. LEGITIMIDADE DA IMPOSIÇÃO, A ELES, DE SANÇÕES DE ÍNDOLE ADMINISTRATIVA. A RESPONSABILIDADE DOS JUÍZES: UMA EXPRESSÃO DO POSTULADO REPUBLICANO. CARÁTER NACIONAL DO PODER JUDICIÁRIO. AUTOGOVERNO DA MAGISTRATURA: GARANTIA CONSTITUCIONAL DE CARÁTER OBJETIVO. EXERCÍCIO PRIORITÁRIO, PELOS TRIBUNAIS EM GERAL, DO PODER DISCIPLINAR QUANTO AOS SEUS MEMBROS E AOS JUÍZES A ELES VINCULADOS. A QUESTÃO DAS DELICADAS RELAÇÕES ENTRE A AUTONOMIA CONSTITUCIONAL DOS TRIBUNAIS E A JURISDIÇÃO CENSÓRIA OUTORGADA AO CONSELHO NACIONAL DE JUSTIÇA. EXISTÊNCIA DE SITUAÇÃO DE TENSÃO DIALÉTICA ENTRE A PRETENSÃO DE AUTONOMIA DOS TRIBUNAIS E O PODER DO CONSELHO NACIONAL DE JUSTIÇA NA ESTRUTURA CENTRAL DO APARELHO JUDICIÁRIO. INCIDÊNCIA

---

[38] MS n. 28.801-DF, de 02.08.2010 (Antônio Horácio da Silva Neto *vs.* Relator do PAD n. 200910000019225 do Conselho Nacional de Justiça. Rel.: Min. Celso de Mello).

DO PRINCÍPIO DA SUBSIDIARIEDADE COMO REQUISITO LEGITIMADOR DO EXERCÍCIO, PELO CONSELHO NACIONAL DE JUSTIÇA, DE UMA COMPETÊNCIA COMPLEMENTAR EM MATÉRIA CORRECIONAL, DISCIPLINAR E ADMINISTRATIVA. PAPEL RELEVANTE, NESSE CONTEXTO, PORQUE HARMONIZADOR DE PRERROGATIVAS ANTAGÔNICAS, DESEMPENHADO PELA CLÁUSULA DE SUBSIDIARIEDADE. COMPETÊNCIA DISCIPLINAR E PODER DE FISCALIZAÇÃO E CONTROLE DO CONSELHO NACIONAL DE JUSTIÇA: EXERCÍCIO, PELO CNJ, QUE PRESSUPÕE, PARA LEGITIMAR-SE, A OCORRÊNCIA DE SITUAÇÕES ANÔMALAS E EXCEPCIONAIS REGISTRADAS NO ÂMBITO DOS TRIBUNAIS EM GERAL (HIPÓTESES DE INÉRCIA, DE SIMULAÇÃO INVESTIGATÓRIA, DE PROCRASTINAÇÃO INDEVIDA E/OU DE INCAPACIDADE DE ATUAÇÃO). PRESENÇA CUMULATIVA, NA ESPÉCIE, DOS REQUISITOS CONFIGURADORES DA PLAUSIBILIDADE JURÍDICA E DO "PERICULUM IN MORA". SUSPENSÃO CAUTELAR DA EFICÁCIA DA PUNIÇÃO IMPOSTA PELO CONSELHO NACIONAL DE JUSTIÇA, CONSISTENTE EM APOSENTADORIA COMPULSÓRIA DO MAGISTRADO, POR INTERESSE PÚBLICO (CF, ART. 93, VIII, C/C O ART. 103-B, § 4º, III). MEDIDA LIMINAR DEFERIDA.

Trata-se de mandado de segurança, com pedido de medida liminar, impetrado contra deliberação que o Conselho Nacional de Justiça proferiu nos autos do Processo Administrativo Disciplinar n. 200910000019225, Rel. Cons. IVES GANDRA, consubstanciada em acórdão assim ementado (fls. 773/775):

"PROCESSO ADMINISTRATIVO DISCIPLINAR — DESVIO DE VERBAS PÚBLICAS PARA SOCORRER LOJA MAÇÔNICA — ENVOLVIMENTO DE JUÍZES — ATENTADO AOS PRINCÍPIOS DA LEGALIDADE, IMPESSOALIDADE E MORALIDADE ADMINISTRATIVAS (CF, ART. 37) E AOS DA IMPARCIALIDADE, TRANSPARÊNCIA, INTEGRIDADE, DIGNIDADE, HONRA E DECORO DO CÓDIGO DE ÉTICA DA MAGISTRATURA NACIONAL — APOSENTADORIA COMPULSÓRIA, A BEM DO SERVIÇO PÚBLICO (LOMAN, ART. 56, II) DE PARTE DOS JUÍZES ENVOLVIDOS.

1. A Administração Pública se pauta pelos princípios da legalidade, impessoalidade, moralidade e publicidade, dentre outros

(CF, art. 37). O Juiz se pauta, em sua conduta, pelos princípios da imparcialidade, transparência, integridade, dignidade, honra e decoro (Código de Ética da Magistratura Nacional).

2. Fere de morte os referidos princípios e o sentido ético do magistrado: a) a escolha discricionária, por parte do Presidente do TJ-MT, assistido por juiz auxiliar que se encarregava dessa tarefa, dos juízes que irão receber parcelas atrasadas, pautando--se pela avaliação subjetiva do administrador da 'necessidade' de cada um; b) o pagamento das referidas parcelas sem emissão de contracheque, mediante simples depósito em conta do magistrado contemplado, que desconhece a que título específico recebe o montante depositado; c) o direcionamento de montante maior do pagamento de parcelas atrasadas aos integrantes da administração do Tribunal (constituindo, no caso do Vice-Presidente e do Corregedor-Geral, verdadeiro pagamento de 'cala a boca', em astronômicas somas, para não se oporem ao 'esquema') e aos magistrados que poderiam emprestar o valor recebido à Loja Maçônica 'Grande Oriente do Estado do Mato Grosso', presidida pelo Presidente do Tribunal e integrada por seus juízes auxiliares, que procederam às gestões para obter empréstimos de outros magistrados (que funcionaram como verdadeiros 'laranjas', ou seja, meros intermediadores do repasse das quantias pagas), visando a socorrer financeiramente a referida Loja, pelo desfalque ocorrido em Cooperativa de Crédito por ela instituída; d) o cálculo 'inflacionado' dos atrasados abrangendo período prescrito, com adoção de índices de atualização mais favoráveis aos beneficiários e incluindo rubricas indevidas ou com alteração posterior do título pelos quais as mesmas verbas eram pagas.

3. Hipótese de aposentadoria compulsória dos Requeridos, proporcional ao tempo de serviço, a bem do serviço público, nos termos dos arts. 42, V, e 56, II, da LOMAN, por patente atentado à moralidade administrativa e ao que deve nortear a conduta ética do magistrado, quando da montagem de verdadeiro 'esquema' de direcionamento de verbas públicas à Loja Maçônica GEOMT em dificuldades financeiras.

Processo Administrativo Disciplinar julgado procedente."
(grifei)

Tenho para mim, ainda que em juízo *de sumária* cognição, *que a análise* da questão pertinente à competência do Conselho Nacional de Justiça, *não obstante* revestida de natureza constitucional, *propõe*, *sugere* e *estimula* algumas reflexões, *notadamente se se considerar* a existência, nesse contexto, de notória situação de tensão dialética *que põe em confronto*, de um lado, *a autonomia institucional* do Poder Judiciário *e*, de outro, *o poder censório* outorgado a órgão (o CNJ) posicionado na estrutura central do aparelho de Estado.

O alto relevo político-jurídico desse tema *é também magnificado* pela delicada questão que envolve *a interferência*, na esfera orgânica de intimidade da magistratura local, *de instituição* (o CNJ), que, embora incorporada ao aparato judiciário (*CF*, art. 92, I-A), representa *elemento estranho*, no plano estadual, ao respectivo sistema de organização judiciária.

É certo que a EC n. 45/2004, *ao instituir* o Conselho Nacional de Justiça, *definiu-lhe* um núcleo *irredutível* de atribuições, *além daquelas* que lhe venham a ser conferidas pelo Estatuto da Magistratura, *assistindo-lhe* o dever-poder de efetuar, *no plano* da atividade *estritamente* administrativa *e* financeira do Poder Judiciário, *o controle* do "cumprimento dos deveres funcionais dos juízes" (*CF*, art. 103-B, § 4º).

Para tanto, a EC n. 45/2004 *previu* meios instrumentais destinados a viabilizar *o pleno* exercício, pelo Conselho Nacional de Justiça, de sua jurisdição censória, *cabendo destacar*, dentre os diversos instrumentos de ativação de sua competência administrativa, *aquele que lhe permite* "receber e conhecer das reclamações contra membros ou órgãos do Poder Judiciário (...), sem prejuízo da competência disciplinar e correicional dos tribunais, podendo avocar processos disciplinares em curso e determinar a remoção, a disponibilidade ou a aposentadoria com subsídios ou proventos proporcionais ao tempo de serviço e aplicar outras sanções administrativas, assegurada ampla defesa" (*CF*, art. 103-B, § 4º, III).

O Supremo Tribunal Federal, ao julgar a ADI 3.367/DF (*RTJ* 197/839-840), *bem explicitou* referidas atribuições, *indicando-lhes* a sua própria razão de ser, *como resulta claro* de fragmento do voto então proferido pelo eminente Ministro CEZAR PELUSO, Relator da causa:

"A segunda modalidade de atribuições do Conselho diz respeito ao controle 'do cumprimento dos deveres funcionais dos juízes' (art. 103-B, § 4º). E tampouco parece-me hostil à imparcialidade jurisdicional.

Representa expressiva conquista do Estado democrático de direito, a consciência de que mecanismos de responsabilização dos juízes por inobservância das obrigações funcionais são também imprescindíveis à boa prestação jurisdicional. (...).

Entre nós, é coisa notória que os atuais instrumentos orgânicos de controle ético-disciplinar dos juízes, porque praticamente circunscritos às corregedorias, não são de todo eficientes, sobretudo nos graus superiores de jurisdição (...).

Perante esse quadro de relativa inoperância dos órgãos internos a que se confinava o controle dos deveres funcionais dos magistrados, não havia nem há por onde deixar de curvar-se ao cautério de Nicoló Trocker: 'o privilégio da substancial irresponsabilidade do magistrado não pode constituir o preço que a coletividade é chamada a pagar, em troca da independência dos seus juízes'. (...).

Tem-se, portanto, de reconhecer, como imperativo do regime republicano e da própria inteireza e serventia da função, a necessidade de convívio permanente entre a independência jurisdicional e instrumentos de responsabilização dos juízes que não sejam apenas formais, mas que cumpram, com efetividade, o elevado papel que se lhes predica. (...)." (grifei)

Corretíssima a afirmação, constante desse douto pronunciamento do eminente Ministro CEZAR PELUSO, de que a "responsabilização dos juízes" traduz verdadeiro "imperativo do regime republicano".

É de irrecusável procedência, pois, a asserção segundo a qual a responsabilidade dos agentes públicos, aqui incluídos os magistrados, tipifica-se, num sistema constitucional de poderes limitados, como uma das cláusulas essenciais à configuração mesma do primado da ideia republicana (RTJ 162/462-464, Rel. p/ o acórdão Min. CELSO DE MELLO), que se opõe — em função de seu próprio conteúdo — às formulações teóricas ou jurídico-positivas que proclamam, nos regimes monárquicos, a absoluta *irresponsabilidade pessoal do Rei ou do Imperador, tal como ressaltado por JOSÉ ANTONIO PIMENTA BUENO ("Direito Público Brasileiro e Análise da Constituição do Império", p. 203, item n. 267, 1958, Ministério da Justiça — DIN).*

Embora inquestionável a posição de grande eminência dos magistrados no contexto político-institucional emergente de nossa Carta Política, impõe-se reconhecer, até mesmo como decorrência necessária do princípio republicano, a possibilidade de responsabilizá-los pelos atos ilícitos ou transgressões funcionais que eventualmente venham a praticar no desempenho de seu ofício.

Na realidade, a consagração do princípio da responsabilidade dos agentes públicos em geral configura "uma conquista fundamental da democracia e, como tal, é elemento essencial da forma republicana democrática que a Constituição brasileira adotou (...)" (PAULO DE LACERDA, "Princípios de Direito Constitucional Brasileiro", p. 459, item n. 621, vol. I).

Desse modo, a sujeição dos magistrados às consequências jurídicas de seu próprio comportamento revela-se inerente e consubstancial ao regime republicano, que constitui, no plano de nosso ordenamento positivo, uma das mais relevantes decisões políticas fundamentais adotadas pelo legislador constituinte brasileiro.

A forma republicana de Governo, analisada em seus aspectos conceituais, faz instaurar, portanto, como já o proclamou esta Suprema Corte (RTJ 170/40-41, Rel. p/ o acórdão Min. CELSO DE MELLO), um regime de responsabilidade a que se devem submeter, de modo pleno, dentre outras autoridades estatais, os magistrados em geral.

O princípio republicano, que outrora constituiu um dos núcleos imutáveis das Cartas Políticas promulgadas a partir de 1891, não obstante sua plurissignificação conceitual, consagra, a partir da ideia central que lhe é subjacente, o dogma de que todos os agentes públicos — os magistrados, inclusive — são responsáveis perante a lei (WILSON ACCIOLI, "Instituições de Direito Constitucional", p. 408/428, itens ns. 166/170, 2ª ed., 1981, Forense; JOSÉ AFONSO DA SILVA, "Curso de Direito Constitucional Positivo", p. 518/519, 10ª ed., 1995, Malheiros; MARCELO CAETANO, "Direito Constitucional", vol. II/239, item n. 90, 1978, Forense, v. g.).

Cumpre destacar, nesse contexto, o magistério irrepreensível do saudoso GERALDO ATALIBA ("República e Constituição", p. 38, item n. 9, 1985, RT — grifei), para quem a noção de responsabilidade traduz um consectário natural do dogma republicano:

"A simples menção ao termo república já evoca um universo de conceitos, intimamente relacionados entre si, sugerindo a noção do princípio jurídico que a expressão quer designar. Dentre tais conceitos, o de responsabilidade é essencial." (grifei)

Não se questiona, por tal razão, até mesmo em respeito ao dogma republicano, a possibilidade constitucional de o Conselho Nacional de Justiça fazer instaurar, em sede originária, procedimentos disciplinares contra magistrados locais nem se lhe nega a prerrogativa, igualmente constitucional, de avocar procedimentos de natureza administrativo-disciplinar.

Impõe-se, contudo, ao Conselho Nacional de Justiça, para legitimamente desempenhar suas atribuições, que observe, notadamente quanto ao Poder Judiciário local, a autonomia político-jurídica que a este é reconhecida e que representa verdadeira pedra angular ("cornerstone") caracterizadora do modelo federal consagrado na Constituição da República.

É certo, no entanto, que tal afirmação — em tudo compatível com a organização federativa que rege, constitucionalmente, entre nós, a forma de Estado — não conflita com o perfil nacional que o Poder Judiciário ostenta no sistema institucional brasileiro, tal como o reconhecem eminentes doutrinadores (CÂNDIDO RANGEL DINAMARCO, "Instituições de Direito Processual Civil", vol. I/333-334, item n. 128, 6ª ed., 2009, Malheiros; JOÃO MENDES DE ALMEIDA JR., "Direito Judiciário Brasileiro", P. 47, item n. V, 1960, Livraria Freitas Bastos S/A.; CASTRO NUNES, "Teoria e Prática do Poder Judiciário", p. 77/78, item n. 7, 1943, Forense; JOSÉ FREDERICO MARQUES, "Manual de Direito Processual Civil", p. 194/199, item n. 70, 2ª ed., 1998, Millennium; ANTONIO CARLOS DE ARAÚJO CINTRA, ADA PELLEGRINI GRINOVER e CÂNDIDO RANGEL DINAMARCO, "Teoria Geral do Processo", p. 195, item n. 97, 26ª ed., 2010, Malheiros, v. g.), cujas lições refletem-se na própria jurisprudência que o Supremo Tribunal Federal firmou na matéria (ADI 3.367/DF, Rel. Min. CEZAR PELUSO, v. g.).

Não obstante a dimensão nacional em que se projeta o modelo judiciário vigente em nosso País, não se pode deixar de reconhecer que os corpos judiciários locais, por qualificarem-se como coletividades autônomas institucionalizadas, possuem um núcleo de autogoverno que lhes é próprio e que, por isso mesmo, constitui expressão de legítima autonomia que deve ser ordinariamente preservada, porque, ainda que admissível, é sempre extraordinária a possibilidade de interferência, neles, de organismos posicionados na estrutura central do Poder Judiciário nacional.

É por tal motivo que se pode afirmar que o postulado da subsidiariedade representa, nesse contexto, um fator de harmonização e de equilíbrio entre situações que, por exprimirem estados de polaridade conflitante (pretensão de autonomia em contraste com tendência centralizadora), poderão dar causa a grave tensão dialética, tão desgastante quão igualmente lesiva para os sujeitos e órgãos em relação de frontal antagonismo.

Em uma palavra: a subsidiariedade, enquanto síntese de um processo dialético representado por diferenças e tensões existentes entre elementos contrastantes, constituiria, sob tal perspectiva, cláusula imanente ao próprio modelo constitucional positivado em nosso sistema normativo, apta a propiciar solução de harmonioso convívio entre o autogoverno da Magistratura e o poder de controle e fiscalização outorgado ao Conselho Nacional de Justiça.

Disso resulta que o exercício, pelo Conselho Nacional de Justiça, da competência disciplinar que lhe foi atribuída dependeria, para legitimar-se, da estrita observância do postulado da subsidiariedade, de tal modo que a atuação desse órgão devesse sempre supor, dentre outras situações anômalas, (a) a inércia dos Tribunais na adoção de medidas de índole administrativo-disciplinar, (b) a simulação investigatória, (c) a indevida procrastinação na prática dos atos de fiscalização e controle ou (d) a incapacidade de promover, com independência, procedimentos administrativos destinados a tornar efetiva a responsabilidade funcional dos magistrados.

Isso significaria que o desempenho da atividade fiscalizadora (e eventualmente punitiva) do Conselho Nacional de Justiça deveria ocorrer somente nos casos em que os Tribunais — havendo tido a possibilidade de exercerem, eles próprios, a competência disciplinar e correcional de que se acham ordinariamente investidos — <u>deixassem</u> de fazê-lo (inércia) <u>ou pretextassem</u> fazê-lo (simulação) <u>ou demonstrassem</u> incapacidade de fazê-lo (falta de independência) <u>ou</u>, ainda, dentre outros comportamentos evasivos, <u>protelassem</u>, sem justa causa, o seu exercício (procrastinação indevida).

Dessa maneira, <u>a incidência</u> do postulado da subsidiariedade, <u>como requisito legitimador</u> da prática concreta, pelo Conselho Nacional de Justiça, de uma <u>competência complementar</u> em matéria correcional, disciplinar <u>e/ou</u> administrativa, <u>não só harmonizaria</u> o exercício dessa jurisdição censória <u>com</u> o princípio da autonomia institucional dos Tribunais, <u>como conferiria</u>, também, maior coeficiente de legitimidade jurídica à atuação desse órgão estatal, <u>propiciando-se</u>, desse modo, nos termos da abordagem ora preconizada, a análise do tema sob a perspectiva dos múltiplos valores constitucionais envolvidos.

<u>Vale rememorar</u>, neste ponto, <u>ante a relevância</u> de suas observações, <u>a advertência</u> feita pelo eminente Ministro GILMAR MENDES, quando <u>inquirido</u>, em audiência pública, pela Comissão de Constituição, Justiça e Cidadania do Senado Federal, <u>sobre a necessidade</u> de o Conselho Nacional de Justiça <u>observar</u> o princípio da subsidiariedade (<u>para</u>, em assim procedendo, <u>respeitar</u> a prerrogativa constitucional <u>da autonomia</u> dos Tribunais) <u>antes de adotar</u>, no desempenho da competência que lhe foi atribuída, qualquer medida de índole disciplinar <u>ou</u> de natureza administrativa contra magistrados e órgãos judiciários em geral:

"E aqui eu tenho, então, Sr. Presidente, uma preocupação. Já foi objeto, inclusive, de consideração, quando presidi, eventualmente, o Conselho Nacional de Justiça numa ausência eventual da Ministra Ellen. Eu advertia, os colegas do Conselho, que talvez um órgão como este, que tem que supervisionar, que tem que planejar a ação do judiciário em termos gerais, nacionais, universais, ele devesse se pautar pelo princípio da subsidiariedade (...), o Conselho <u>não poderia receber</u> toda e qualquer reclamação. Para isso, há os setores adequados dos juízes nos tribunais, os órgãos correcionais, inclusive. É preciso que se enfatize essa ideia. Que o Conselho cumpra sua função de zelar pela efetiva prestação jurisdicional, pela coordenação desta prestação jurisdicional, pelo *planejamento dessas atividades, mas que ele não se embaralhe com a atividade dos casos repetidos, dos casuísmos que se repetem e que são desafiadores. E que o desafiam exatamente porque no grau de insatisfação revelado muitas vezes nós temos também as manifestações, as reproduções de demandas ele acaba se tornando este grande muro de lamentações. Eu me lembro que, na Sessão que eu presidi no Conselho, se discutia, para que os senhores tenham um exemplo bem claro, se discutia se era correta a decisão do Tribunal de Justiça de São Paulo de desativar o júri que atuava em Santo Amaro. Uma decisão comezinha afeita ao Tribunal de Justiça de São Paulo. Diz com a sua autonomia. Pois a matéria chegou ao Conselho, e pasmem os senhores, depois da votação quase conclusa, havia empate. Metade dos conselheiros entendia que o Conselho deveria intervir em São Paulo e sustar aquela decisão tomada pelo Tribunal de Justiça de São Paulo. E a outra metade entendia que, neste caso, a matéria era da competência do Tribunal de Justiça de São Paulo. Coube-me, então, desempatar. E eu disse: Se nós continuarmos nesse ritmo, se nós continuarmos a pautar o trabalho do Conselho por esta filosofia, nós vamos fazer inveja ao centralismo democrático da antiga União Soviética. Nós vamos assumir um papel para o qual nós não estamos preparados. Pensando neste universo que é o Brasil. Com tantas questões, com milhões de processos tramitando em todas as varas, imaginarmos que cada reclamação eventualmente feita contra os aspectos mais comezinhos relativos aos processos ou às decisões administrativas desses juízes elas venham a desaguar no Supremo, no Conselho. Nós vamos ter alguma insatisfação agora não com a justiça, mas com o funcionamento do Conselho. A rigor, é a funcionabilidade do Conselho que pode estar em jogo neste modelo. Daí eu vinha preconizando, desde então, a necessidade de que nós trabalhemos essa ideia da subsidiariedade (...). Claro, os órgãos correcionais, os órgãos administrativos <u>dos tribunais</u> devem cumprir a sua missão. <u>Se</u> eles falharem, <u>se</u> eles não derem resposta, sim, <u>cabe</u> ao Conselho fazer a intervenção, <u>cabe</u> ao Conselho regular determinadas atividades, fazer o planejamento dessas atividades, acompanhar a efetividade da prestação jurisdicional. <u>Mas não cabe</u> ao Conselho dar resposta para cada angústia tópica que mora em cada processo. É preciso, portanto que nós estejamos* *atentos, de resto eu estou a falar de algo que não é nenhuma novidade, o princípio da subsidiariedade (...) já se fazia presente no pensamento de Aristóteles. Aparece em São Tomás de Aquino (...), é o princípio básico da comunidade europeia hoje, é o princípio estruturante da comunidade europeia. É um pensamento central da ideia federativa. Para nós respeitarmos, inclusive, a autonomia dos tribunais que a Constituição quer preservar, é preciso que nós tenhamos essa visão. Acredito, Sr. Presidente, que essa deve ser a tônica do Conselho. E eu digo com esta ênfase porque nós todos estamos aprendendo. A própria feitura da Emenda Constitucional é uma obra de engenharia institucional." (grifei)*

Cumpre referir, ainda, ante a pertinência de seu conteúdo, fragmento da decisão que o eminente Ministro MARCO AURÉLIO proferiu no julgamento do MS 28.884-MC/DF, de que é Relator:

"Salta aos olhos a relevância do pedido formulado quanto à necessária determinação ao Tribunal de Justiça de Minas Gerais no sentido de julgar o processo administrativo, glosada a atividade monocrática, a atividade do corregedor. Incabível é cogitar-se, na situação concreta, de legitimação concorrente, sob pena de menosprezo à organicidade e à dinâmica do Direito, vindo-se a agasalhar avocação que se distancia da previsão do inciso III do § 4º do artigo 103-B da Constituição Federal — a revelar competir ao Conselho Nacional de Justiça 'receber e conhecer das reclamações contra membros ou órgãos do Poder Judiciário, inclusive contra seus serviços auxiliares, serventias e órgãos prestadores de serviços notariais e de registro que atuem por delegação do poder público ou oficializados, sem prejuízo da competência disciplinar e correcional dos tribunais, podendo avocar processos disciplinares em curso e determinar a remoção, a disponibilidade ou a aposentadoria com subsídios ou proventos proporcionais ao tempo de serviço e aplicar outras sanções administrativas, assegurada ampla defesa'. Relativamente aos processos disciplinares de juízes e membros de tribunais, a revisão, de ofício ou mediante provocação, pressupõe, a teor desse inciso e também do inciso V — 'rever, de ofício, ou mediante provocação, os processos disciplinares de juízes e membros de tribunais julgados há menos de um ano' —, o exaurimento da atuação na origem, mesmo porque,

conforme o inciso VIII do artigo 93 da Carta da República — e incumbe interpretá-la de forma sistemática —, <u>cabe ao tribunal</u>, de início, <u>o ato</u> de remoção, disponibilidade e aposentadoria do magistrado, por interesse público, observado o voto da maioria absoluta." (grifei)

    <u>Esse aspecto</u> da questão, <u>que põe em destaque</u> as delicadas relações <u>entre a autonomia constitucional</u> dos Tribunais em geral e a <u>jurisdição censória</u> cometida ao Conselho Nacional de Justiça, <u>não</u> passou despercebido à precisa análise que FLÁVIO DINO, HUGO MELO FILHO, LEONARDO BARBOSA e NICOLAO DINO fazem do tema ("Reforma do Judiciário: comentários à Emenda n. 45/2004", p. 108/109, 2005, Impetus), <u>em passagem</u> na qual se enfatiza o papel relevante, <u>porque harmonizador</u>, desempenhado pela cláusula de subsidiariedade:

    "De outra face, é interessante realçar a largueza que foi conferida aos órgãos e agentes submetidos ao controle disciplinar do CNJ, abrangendo até os serviços notariais e de registro, o que é altamente positivo. A esse propósito, duas questões merecem destaque. Em primeiro lugar, sobre as sanções administrativas aplicáveis aos servidores da Justiça, há que se observar a legislação que rege seus respectivos regimes jurídicos, cabendo ao CNJ aplicá-la e impor as penas ali fixadas, observado o procedimento administrativo próprio. Como se cuida de órgão nacional, não há nenhum óbice a que leis estaduais sejam aplicadas pelo CNJ; pelo contrário, esta possibilidade é perfeitamente compatível com o federalismo cooperativo, em que não há divisões rígidas entre os entes que integram a federação. Em segundo lugar, pode-se indagar <u>se</u> a grande quantidade de órgãos e agentes submetidos à competência disciplinar do CNJ não irá inviabilizá-lo. Daí emerge a importância de duas previsões: <u>a primeira</u>, a de que o CNJ não elide a competência disciplinar e correicional dos Tribunais, de modo que estes poderão ser instados pelo próprio CNJ a apurar os fatos — reservando-se este para uma intervenção posterior, caso a seu juízo seja necessária. Para tanto, o CNJ utilizará os seus poderes de 'avocar processos disciplinares em curso' e de rever 'os processos disciplinares de juízes e membros de tribunais julgados há menos de um ano' (a teor do inciso V do § 4º em análise). Ou seja, o CNJ <u>não pode ter</u> a pretensão de transformar-se

em um 'Big Brother', dando conta do que se passa em milhares de unidades jurisdicionais em todo o território nacional, investigando juízes e serventuários. Deve, ao contrário, reservar-se um papel subsidiário e complementar em relação aos Tribunais, atuando sobretudo quando constatada a ineficácia dos mecanismos ordinários de administração e repressão. A outra previsão relevante para a viabilização das tarefas disciplinares do Conselho, diz respeito à possibilidade de o Ministro-Corregedor 'requisitar e designar magistrados, delegando-lhes atribuições, e requisitar servidores de juízos ou tribunais, inclusive nos Estados, Distrito Federal e Territórios', a teor do art. 103-B, § 5º, inciso III." (grifei)

Essa mesma percepção da matéria é revelada por ANTÔNIO VELOSO PELEJA JÚNIOR ("Conselho Nacional de Justiça e a Magistratura Brasileira", p. 232/233, item n. 5.4, 2009, Juruá), que também acentua a relevância da aplicação do postulado da subsidiariedade:

"(...) Nesse sentido, o Ministro Gilmar Ferreira Mendes, por ocasião de sua sabatina do Senado Federal para fim de assumir a presidência do CNJ e do Supremo Tribunal Federal no biênio 2008-2010, afirmou que o CNJ não deve atuar como única instância de punição a juízes responsáveis por irregularidades. Para o Ministro, as corregedorias dos tribunais devem atuar antes que o Conselho seja acionado. 'Os órgãos correcionais, administrativos dos tribunais, devem cumprir sua missão. Se eles falharem, se não derem resposta, cabe ao Conselho fazer a intervenção'.

De 'lege ferenda', seria de bom alvitre que se disciplinasse a atuação do CNJ como órgão administrativo recursal, ressalvando--se seu poder avocatório em casos excepcionais — omissão ou irregularidade na apuração, v. g. — ou originário em caso de inércia das corregedorias dos tribunais." (grifei)

Estabelecidas as premissas que venho de expor — segundo as quais o princípio da subsidiariedade deve reger, em regra, o exercício, pelo Conselho Nacional de Justiça, de sua jurisdição censória —, há que se considerar, a título de reflexão, que a atuação do CNJ, em tema de fiscalização correcional, só se justificaria, ordinariamente, quando verificada a ocorrência das hipóteses excepcionais por mim anteriormente referidas, valorizando-se, em consequência, até mesmo em respeito ao poder de autogoverno e de autoadministração dos Tribunais em geral, as instâncias disciplinares neles existentes.

Isso porque a Constituição Federal, ao delimitar a competência disciplinar do Conselho Nacional de Justiça, o fez "sem prejuízo da competência disciplinar e correicional dos tribunais", a significar, portanto, na perspectiva ora em exame, que deveriam caber, em princípio, aos próprios Tribunais, a apuração e o julgamento de processos disciplinares envolvendo seus membros e os magistrados a eles vinculados, apenas instaurando-se a jurisdição censória do Conselho Nacional de Justiça nas situações anômalas a que precedentemente aludi nesta decisão.

Cabe verificar, agora, consideradas tais premissas, se se observou, ou não, na espécie, quando da imposição da sanção disciplinar aplicada ao ora impetrante, o postulado da subsidiariedade.

Ou seja, cumpre examinar se, no contexto em causa, ensejou-se, previamente, ao Tribunal de Justiça local, a possibilidade de, ele próprio, exercer jurisdição censória referentemente aos fatos que motivaram a decretação da aposentadoria compulsória imposta ao autor deste "writ" mandamental.

É certo que o Corregedor-Geral da Justiça do Estado de Mato Grosso remeteu, em 14/04/2008 (fls. 238), ao Conselho Nacional de Justiça, "relatório conclusivo do Procedimento Investigatório Criminal n. 005/2007", nele observando que "Os fatos investigados envolvem Desembargador e Juízes com notório prestígio e influência neste Tribunal de Justiça, o que compromete, seriamente, a imparcialidade dos membros desta Corte para julgá-los no âmbito administrativo" (fls. 238).

Registrou, também, esse mesmo Corregedor-Geral, que "não foi ainda aberto, no Tribunal de Justiça do Estado de Mato Grosso, o procedimento previsto no art. 27 da LC 37/79 (LOMAN)" motivo pelo qual solicitou que eventual processo administrativo "(...) tenha tramitação no Egrégio Conselho Nacional de Justiça, colocando-o a salvo de quaisquer influências ou simpatias (...)" (fls. 239).

Parece-me, em juízo de estrita delibação, que essa iniciativa, longe de incluir-se na esfera de atribuições do Senhor Corregedor-

-Geral da Justiça, <u>deveria</u> ter sido submetida, <u>previamente</u>, por Sua Excelência, <u>à apreciação</u> do E. Tribunal de Justiça do Estado de Mato Grosso, para efeito de necessária deliberação colegiada, <u>considerado</u> o que dispõe a própria LOMAN (art. 40 e seguintes).

    Na verdade, o Senhor Corregedor-Geral da Justiça, ao submeter, <u>desde logo</u>, ao Conselho Nacional de Justiça, proposta de apuração de supostas irregularidades alegadamente cometidas por magistrados locais (Juízes de Direito e Desembargadores), <u>teria frustrado</u>, com tal comportamento, a possibilidade de o Tribunal de Justiça atuar, inclusive com a ativa participação do próprio Senhor Corregedor-Geral, <u>como instância ordinária</u> de apuração (<u>e</u> de julgamento administrativo) de eventuais ilícitos disciplinares cometidos por autoridades judiciárias do Estado de Mato Grosso.

    <u>Ao precipitar</u> a atuação do Conselho Nacional de Justiça, <u>sem</u> sequer haver ensejado, ao Tribunal de Justiça de Mato Grosso, o exercício de sua competência correcional em sede disciplinar, o Senhor Corregedor-Geral da Justiça teria, aparentemente, inviabilizado a prática, pelo Judiciário local, de uma prerrogativa que lhe <u>não</u> poderia ter sido subtraída, o que teria implicado, por efeito da inobservância do postulado da subsidiariedade, transgressão à autonomia institucional do Tribunal de Justiça daquela unidade da Federação.

    <u>Observo</u> que o Senhor Corregedor-Geral da Justiça do Estado de Mato Grosso, <u>ao ativar</u>, desde logo, a jurisdição censória do CNJ, impossibilitou a adoção, pelo Tribunal de Justiça, de medidas destinadas a promover, <u>em sede disciplinar</u>, a responsabilidade funcional dos magistrados supostamente envolvidos em atos alegadamente ilícitos. <u>Em optando</u> por dirigir-se, <u>de modo imediato</u>, ao CNJ, sob a alegação — <u>fundada</u> em juízo de desqualificação unilateralmente formulado a propósito dos Desembargadores integrantes daquela Corte judiciária — de que estaria seriamente comprometida a imparcialidade de referidos magistrados, o Senhor Corregedor-Geral da Justiça teria desrespeitado o princípio da subsidiariedade, dando ensejo, assim, com essa atuação per saltum, a possível ofensa à prerrogativa institucional do autogoverno da magistratura do Estado de Mato Grosso.

Em suma: essa iniciativa unilateral do Senhor Corregedor--Geral da Justiça (aparentemente apoiada em juízo pessoal de desvalor que formulou a respeito de seus próprios colegas de Tribunal, atribuindo-lhes parcialidade, além de suscetibilidade a "influências e simpatias") teria provocado indevida supressão da competência primária do Tribunal de Justiça para agir, em caráter prioritário, no plano administrativo-disciplinar, em ordem a apurar (e eventualmente punir), de modo regular e adequado, alegadas transgressões funcionais supostamente cometidas por seus membros e Juízes de Direito, o que teria representado, presente tal contexto, uma prematura intervenção do Conselho Nacional de Justiça, com o comprometimento, por efeito da inobservância da cláusula de subsidiariedade, da autonomia constitucional inerente ao Poder Judiciário local.

Cabe referir, ainda, para efeito de registro, que o Senhor Corregedor-Geral da Justiça utilizou-se, no relatório submetido ao Conselho Nacional de Justiça, de "auditoria externa feita pela empresa Velloso & Bertolini", o que foi questionado, em termos de sua legalidade, no Procedimento de Controle Administrativo n. 3938-18/2009 (fls. 790), de que resultou, por deliberação do próprio CNJ, "(...) a remessa de todas as peças dos autos à Corregedoria Nacional de Justiça, para adoção das medidas cabíveis visando à apuração de responsabilidade disciplinar pela prática dos atos relativos à contratação questionada" (grifei).

As considerações que venho de fazer convencem-me, ainda que em juízo de sumária cognição, da existência, no caso, de plausibilidade jurídica qualificadora da pretensão cautelar que a parte impetrante deduziu nesta sede mandamental.

Concorre, por igual, na espécie, o pressuposto legitimador concernente ao "periculum in mora" (fls. 83/84), notadamente se se considerar que, em decorrência da punição a ele imposta, o ora impetrante passou a receber proventos proporcionais ao tempo de serviço, possivelmente inferiores ao valor global do subsídio que lhe era pago quando no exercício do cargo judiciário que titularizava.

Parece-me relevante o aspecto ora realçado, pois não se pode ignorar que os valores percebidos a título de subsídio re-vestem-se de caráter alimentar. Essa especial natureza jurídica, que caracteriza o subsídio em questão, permite, por isso mesmo, qualificá-lo como típica dívida de valor.

É importante ter em consideração, no ponto, *o caráter essencialmente alimentar* dos valores percebidos por agentes públicos em geral, *na linha* do que tem sido iterativamente proclamado pela jurisprudência do Supremo Tribunal Federal (*RTJ 110/709 — RTJ 117/1335*) *e reafirmado* por diretriz jurisprudencial que se formou sob a égide *do vigente* ordenamento constitucional (*RTJ 136/1351 — RTJ 139/364-368 — RTJ 139/1009 — RTJ 141/319 — RTJ 142/942*).

A ponderação dos valores em conflito — *o interesse* da Administração Pública, de um lado, *e a necessidade social* de preservar a integridade *do caráter alimentar* que tipifica o valor dos subsídios, de outro — *leva-me a vislumbrar ocorrente*, na espécie, *uma clara situação* de grave risco a que *estará* exposta a parte ora impetrante, *privada* de valores essenciais à sua própria subsistência.

Sendo assim, em juízo *de estrita* delibação, *e sem prejuízo* de ulterior reexame da pretensão mandamental deduzida na presente sede processual, *defiro* o pedido de medida liminar *para suspender*, cautelarmente, até final julgamento desta ação de mandado de segurança, *a eficácia* da decisão que o Conselho Nacional de Justiça *proferiu* nos autos do Processo Administrativo Disciplinar n. 200910000019225, *restaurando*, em consequência, quanto ao ora impetrante, a situação jurídico-funcional *imediatamente* anterior à deliberação ora questionada, *em ordem* a permitir-lhe que volte a exercer, em plenitude, as funções do cargo judiciário que titularizava quando da aposentadoria compulsória ora contestada.

Transmita-se, com urgência, *cópia* desta decisão ao Senhor Presidente do Conselho Nacional de Justiça (Processo Administrativo Disciplinar 200910000019225) *e* ao Senhor Desembargador Presidente do E. Tribunal de Justiça do Estado de Mato Grosso.

2. Devo assinalar, por necessário, que as razões ora expostas levar-me-ão a reapreciar novas pretensões de ordem cautelar, caso *eventualmente* deduzidas nos autos do MS 28.743/DF *e* do MS 28.784/DF, de que sou Relator.

Publique-se.[39]

---

[39] Disponível em: <http://www.stf.jus.br/portal/processo/verProcessoAndamento.asp>. Acesso em: 29.12.2010.

2. REDUTOR SALARIAL. AGENTES FISCAIS DE RENDA

Examinando a SS n. 4.318-SP[40], a 22.12.2010, o Presidente do STF, Min. Cezar Peluso, determinou que fosse mantido o redutor salarial constante do Decreto estadual n. 48.407/2004, a fim de ser observado o teto remuneratório constitucional dos servidores públicos.

A notícia a respeito é seguinte:

> *O presidente do Supremo Tribunal Federal (STF), ministro Cezar Peluso, suspendeu decisões do Tribunal de Justiça de São Paulo (TJ-SP) que impediram que o governo estadual aplicasse redutor salarial nos vencimentos de agentes fiscais de renda do estado. O redutor está previsto no Decreto paulista 48.407/04.*
>
> *Segundo Peluso, ocorre no caso "suposta violação" ao dispositivo constitucional que criou o teto remuneratório dos servidores públicos (inciso XI do artigo 37 da Constituição, criado pela Emenda Constitucional 41/03). Ele também apontou o efeito multiplicador das decisões do TJ-SP, "com risco de grave lesão à economia pública".*
>
> *De acordo com o ministro, a Presidência do STF "tem sido provocada a decidir inúmeros pedidos de suspensão idênticos, muitos deles contra decisões que envolvem vários interessados".*
>
> *A decisão do ministro foi tomada na análise da Suspensão de Segurança (SS) 4318.*[41]

---

[40] SS n. 4.318-SP, de 22.10.2010 (Estado de São Paulo *vs.* Tribunal de Justiça do Estado de São Paulo. Impte.(s) Marcia Soares e outros (a/s) e Decio Brites. Rel.: Min. Cezar Peluso).
[41] Disponível em: <http://www.stf.jus.br/portal/cms/verNoticiaDetalhe.asp?id Conteudo=168648>. Acesso em: 25.12.2010.

3. SERVIDOR DO MINISTÉRIO PÚBLICO ESTADUAL. EXERCÍCIO DA ADVOCACIA.

Contra decisão do Conselho Nacional do Ministério Público (CNMP), que mandara cancelar inscrição de servidores do Ministério Público do Rio Grande do Sul (MP-RS) na Ordem dos Advogados do Brasil (OAB), o Sindicato dos Servidores do Ministério Público do Rio Grande do Sul (Simpe-RS) impetrou o MS n. 28.871-RS[42]. O relator, Min. Dias Toffoli, negou a segurança e considerou prejudicado o pedido de liminar, por entender que a Lei n. 11.415/2006 é aplicável a todo o Ministério Público no Brasil.

A decisão é a seguinte:

Vistos.

Cuida-se de mandado de segurança coletivo, com pedido de liminar, do SINDICATO DOS SERVIDORES DO MINISTÉRIO PÚBLICO DO RIO GRANDE DO SUL — SIMPE/RS em face de ato do PRESIDENTE DA COMISSÃO DE CONTROLE ADMINISTRATIVO E FINANCEIRO DO CONSELHO NACIONAL DO MINISTÉRIO PÚBLICO, com o objetivo de suspender os efeitos concretos da aplicação da Resolução n. 27/2008 aos substituídos.

A inicial apresenta as seguintes razões:

a) "O Ministério Público deste Estado, conforme decisão emanada pela autoridade coatora, Ofício Circular 03/2009/NAC-CCAF/SG/CNMP, em apenso, determinou que seus servidores, que possuem o título de bacharel em ciências jurídicas e sociais, informem a instituição se estão inscritos no quadro de advogados

---

[42] MS n. 28.871-RS, de 13.09.2010 (Sindicato dos Servidores do Ministério Público do Rio Grande do Sul *vs.* Presidente da Comissão de Controle Administrativo e Financeiro do Conselho Nacional do Ministério Público. Rel.: Min. Dias Toffoli).

da Ordem dos Advogados do Brasil, a fim de ser enviada ao Conselho Federal da entidade listagem com intuito de cancelar suas inscrições.";

b) "O ato ilegal se apresentou com a justificativa de estar alicerçado por Resolução de n. 27/2008 do Conselho Nacional do Ministério Público, que determina que a condição de servidor do Ministério Público torna incompatível a atividade paralela da advocacia.";

c) o Ministério Público do Estado do Rio Grande do Sul foi notificado pelo CNMP para cumprir os termos da Resolução n. 27/2008, tendo "requerido informações dos servidores quanto a situação dos servidores perante a Ordem dos Advogados do Brasil, afirmando que estas informações teriam o condão de formar lista para cancelamento da inscrição do servidor dos quadros da Ordem dos Advogados do Brasil.";

d) o CNMP não tem competência para definir restrições ao exercício da advocacia;

e) "O Estatuto da Advocacia disciplina claramente no capítulo VII, do artigo 273 ao 30, as incompatibilidades e impedimentos de seus membros, fazendo clara distinção entre as duas situações. Os servidores do Ministério Público se encontram enquadrados nos ditames do artigo 30, I4, que disciplina a situação de impedimento.";

f) o ato coator ofende o artigo 5º, inciso XIII, CF/1988, quando tenta obstar o livre exercício de profissão aos servidores do Ministério Público dos Estados.

Pede-se liminar para o fim de "sustar o ato ilegal, compelindo o impetrado a se abster de exigir do Ministério Público Estadual a coleta de dados e envio de lista à Ordem dos Advogados no intuito de cancelar a inscrição de seus servidores, sendo enviado ofício à instituição estadual para que se abstenha do ato, bem como de instrumentalizar qualquer procedimento em face dos servidores abrangidos pelo direito de exercer a advocacia."

No mérito, é requerida a concessão da segurança para declarar ilegal o ato administrativo.

A liminar não foi apreciada durante o recesso forense.

Determinei o cumprimento do disposto no artigo 22, parágrafo segundo, Lei n. 12.016, de 7.8.2009.

A AGU apresentou impugnação ao pedido de liminar, nos termos seguintes:

a) não há periculum in mora, pois o prazo para entrega da lista de servidores inscritos encerrou-se em 10-3-2010, tendo a Associação ajuizado o writ "muito tempo após o esgotamento do prazo fixado no ato inquinado de ilegal";

b) o Ministério Público não invadiu a esfera de iniciativa legislativa do Chefe do Poder Executivo federal, "uma vez que a proibição em comento se circunscreve ao âmbito da referida instituição, resguardada a situação funcional dos demais servidores públicos.";

c) os regimes jurídicos da Lei n. 8.112/1990 e da Lei n. 8.906/1994 são distintos e não procedem os argumentos de que há invasão da esfera normativa da OAB;

d) o próprio Conselho Federal da OAB já se pronunciou no sentido de que há incompatibilidade entre a atividade do servidor do Ministério Público e a advocacia privada;

e) "é certo, todavia, que a Lei n. 11.415/06, caso interpretada de forma meramente literal, tem aplicação apenas no âmbito do Ministério Público da União. Ante a ausência de lei para o caso dos servidores do parquet estadual, o que levaria à incidência subsidiária do Estatuto da OAB para o caso, o Conselho Nacional do MP, utilizando-se de sua competência regulamentar e buscando zelar pelo art. 37 da CF/88, editou a Resolução n. 27/2008.";

f) o Ofício-Circular n. 03/2009 não é ilegal e a Resolução n. 27/2008 não ofende o texto constitucional.

Ao final, requereu-se o indeferimento da liminar.

É o relatório.

Não há periculum in mora. Como bem ressaltado pela AGU, a impetração ocorreu bem após o vencimento do prazo para a apresentação das listagens de servidores inscritos na Ordem dos Advogados do Brasil.

A continuidade dos efeitos lesivos do ato é argumento que não se aplica ao caso dos autos, pois a eficácia do ato constritivo haveria de ser imediata. Tendo sido possível suportar esses efeitos por tanto tempo, não razão para que se examine favoravelmente o pedido de liminar sob o enfoque do perigo da demora.

Ademais, como já salientou o Ministro Menezes Direito, em outro mandado de segurança, com idêntico objeto, existem "decisões monocráticas desta Suprema Corte, aplicando, em casos idênticos ao presente, o teor da Súmula n. 266/STF, entendendo tratar-se de impugnação a ato normativo em tese. Nesse sentido: MS n. 27.225/DF, Relator o Ministro Ricardo Lewandowski, DJ de 2/4/08 e MS n. 27256/DF, Relator o Ministro Celso de Mello, DJ de 6/6/08." (MS 27491 MC, Relator Ministro Menezes Direito, DJe-152 15-8-2008).

Em suma, há razões para admitir a própria inviabilidade do meio utilizado pela impetrante. Em semelhante ordem de ideias, reproduzo decisão singular da Ministra Ellen Gracie:

"1. Trata-se de mandado de segurança, com pedido de liminar, fundamentado no art. 102, I, r, da Constituição Federal, impetrado pela Associação dos Servidores do Ministério Público do Estado do Ceará — ASSEMPECE contra a Resolução n. 27/2008 do Conselho Nacional do Ministério Público. O ato ora impugnado vedou o exercício da advocacia aos servidores do Ministério Público dos Estados e da União. Diz a impetrante que o Conselho Nacional do Ministério Público vedou, ainda, a continuidade do exercício da advocacia até dos servidores que já exerciam essa atividade antes da publicação da resolução em questão. Suscita a necessidade de a matéria em comento ser tratada por lei específica, certo que a lei disciplinadora (Lei 8.906/94 — Estatuto da Advocacia), em seu art. 30, inciso I, consignou que o instituto do impedimento é restrito ao exercício da advocacia contra a Fazenda Pública que remunera o servidor. Aduz a necessidade de observância pelo Conselho Nacional do Ministério Público dos princípios da reserva legal e da legalidade (arts. 5º, II, e 37, caput, da Constituição Federal). Alega, ainda, a existência de limitações ao poder regulamentar do Conselho Nacional do Ministério Público (art. 130-A, § 2º, I, da Constituição), tendo em vista a impossibilidade de expedição de

resoluções que, em caráter geral e abstrato, imponham restrições ao livre exercício profissional (art. 5º, XIII, da Constituição), direito elevado à condição de cláusula pétrea, nos termos do art. 60, § 4º, IV, da Constituição Federal. Sustenta, também, a ocorrência do perigo na demora, consubstanciado no fato de que, depois da edição da Resolução n. 27/2008 do Conselho Nacional do Ministério Público, 'alguns servidores estão enfrentando grandes dificuldades de honrar seus compromissos perante terceiros' (fl. 48). Requer, ao final, a concessão da liminar, determinando-se a suspensão dos efeitos da Resolução n. 27/2008 do Conselho Nacional do Ministério Público em relação aos servidores do Ministério Público do Estado do Ceará. 2. A impetrante se insurge contra resolução do Conselho Nacional do Ministério Público que vedou o exercício da advocacia aos servidores do Ministério Público dos Estados e da União. A Resolução n. 27/2008 do Conselho Nacional do Ministério Público, em seus arts. 1º e 2º, expressamente, dispõe: 'Art. 1º É vedado o exercício da advocacia aos servidores efetivos, comissionados, requisitados ou colocados à disposição do Ministério Público dos Estados e da União. Art. 2º Ficam resguardados os atos processuais já praticados, vedando-se, entretanto, a continuidade do exercício da advocacia, mesmo àqueles que já venham exercendo essa atividade até a data da publicação desta Resolução, observado o impedimento fixado no art. 30, I, da Lei n. 8.906/94.' (DJ 08.4.2008) Entendo que o ato ora impugnado possui evidente caráter normativo, ao dispor de forma genérica e impessoal sobre a vedação ao exercício da advocacia pelos servidores do Ministério Público da União e dos Estados, circunstância essa que torna inviável a utilização da via mandamental, por se tratar de ato normativo em tese. Incide, na espécie, a vedação contida na Súmula STF n. 266, no sentido de que 'não cabe mandado de segurança contra lei em tese', uma vez que o ato apontado como coator é dotado dos atributos de generalidade, abstração e impessoalidade. Assevere-se, finalmente, que a questão posta no presente writ *será adequadamente julgada por esta Suprema Corte, na medida em que o Sindicato Nacional dos Servidores do Ministério Público da União — SINASEMPU ajuizou, em 24.6.2008, ação direta de inconstitucionalidade em face da Resolução n. 27/2008 do Conselho Nacional do Ministério Público (ADI 4.100/*

DF), a qual foi distribuída ao Ministro Cezar Peluso. 3. Ante o exposto, nego seguimento ao presente mandado de segurança (art. 21, § 1º, do RISTF). Publique-se. Brasília, 13 de agosto de 2008. Ministra Ellen Gracie Relatora" (MS 27493, Relatora Ministra Ellen Gracie, DJe-154 19-8-2008).

Efetivamente, é de se aplicar à espécie a Súmula STF 266, dada a manifesta intenção de atacar, por meio de writ of mandamus, *de norma com elevado caráter de abstratividade. É indiferente se o ato normativo possui natureza estritamente legal. O que importa é a produção de efeitos com caracteres similares à lei, ao estilo do que já decidiu a Corte:*

"EMENTA: AGRAVO REGIMENTAL. MANDADO DE SEGURANÇA. ATO NORMATIVO DO PRESIDENTE DO SUPREMO TRIBUNAL FEDERAL. PORTARIA N. 177. NÃO CABIMENTO DO WRIT. AGRAVO IMPROVIDO. 1. Não cabe mandado de segurança contra ato do Presidente do Supremo Tribunal Federal dotado de caráter normativo, ato que disciplina situações gerais e abstratas. 2. A portaria impugnada neste writ *produz efeitos análogos ao de uma "lei em tese", contra a qual não cabe mandado de segurança [Súmula n. 266 desta Corte]. Agravo regimental a que se nega provimento.*" (MS 28250 AgR, Relator Ministro Eros Grau, Tribunal Pleno, DJe-055 26-3-2010)

"EMENTA: AGRAVO REGIMENTAL EM MANDADO DE SEGURANÇA. RESOLUÇÃO N. 7/2005 DO CONSELHO NACIONAL DE JUSTIÇA. CARÁTER NORMATIVO. MEDIDA CAUTELAR DEFERIDA NA AÇÃO DECLARATÓRIA DE CONSTITUCIONALIDADE N. 12/DF. INCOMPETÊNCIA DO SUPREMO TRIBUNAL FEDERAL PARA CONHECER DO MANDADO DE SEGURANÇA CONTRA ATO DE DESEMBARGADORA DO TRIBUNAL REGIONAL DO TRABALHO DA 16ª REGIÃO. AGRAVO REGIMENTAL PARCIALMENTE PROVIDO PARA DECLINAR DA COMPETÊNCIA PARA O TRIBUNAL A QUO. 1. *Conforme assentado no julgamento da Medida Cautelar na Ação Declaratória de Constitucionalidade n. 12/DF, a Resolução n. 07/05 do Conselho Nacional de Justiça reveste-se dos atributos da generalidade, da impessoalidade e da abstratividade. Incidência da Súmula 266 do Supremo Tribunal Federal. 2. Incompetência do Supremo Tribunal Federal para pro-*

cessar e julgar, originariamente, mandado de segurança contra ato da Presidente do Tribunal Regional do Trabalho da 16ª Região. 3. Agravo Regimental parcialmente provido para declinar da competência para o Tribunal a quo." (MS 25615 AgR, Relatora Ministra Cármen Lúcia, Tribunal Pleno, DJe-059 27-3-2009)

Ante o exposto, denego a segurança, prejudicado o pedido de liminar.

Arquive-se.

Publique-se. Int.[43]

---

[43] Disponível em: <http://www.stf.jus.br/portal/processo/verProcessoAndamento.asp>. Acesso em: 09.01.2011.

PARTE V

PREVIDÊNCIA SOCIAL

1. DESAPOSENTAÇÃO. RECÁLCULO.

O STF está tomando importante decisão, no RE n. 381.367-RS[44], cujo julgamento foi interrompido a 16.9.2010, com pedido de vista do Min. Dias Toffoli. O relator, Min. Marco Aurélio, admitiu o recálculo do benefício da aposentadoria para os trabalhadores que retornarem à atividade produtiva, com a desaposentação. Prevalecendo essa decisão, os trabalhadores aposentados que retornarem ao trabalho e voltarem a contribuir para a Previdência Social, deverão ter recalculados os benefícios da aposendoria, em face das novas contribuições realizadas.

Este é o noticiário a respeito:

> Um pedido de vista formulado pelo ministro Dias Toffoli interrompeu, no fim da tarde de hoje (16), o julgamento do Recurso Extraordinário (RE 381367) no qual aposentadas do Rio Grande do Sul que retornaram à atividade buscam o direito ao recálculo dos benefícios que lhe são pagos pelo INSS, uma vez que voltaram a contribuir para a Previdência Social normalmente, mas a lei só lhes garante o acesso ao salário-família e à reabilitação profissional. Segundo a procuradora do INSS presente à sessão, há atualmente 500 mil aposentados que voltaram a trabalhar e contribuem para a Previdência. Caso o STF reconheça o direito ao recálculo dos benefícios, o impacto poderá chegar a R$ 3 bilhões, segundo dados do próprio INSS.
>
> Se depender do relator do recurso, ministro Marco Aurélio, os aposentados terão esse direito reconhecido. "É triste, mas é isso mesmo: o trabalhador alcança a aposentadoria, mas não pode usufruir o ócio com dignidade, sem decesso no padrão de vida. Ele

---
[44] RE n. 381.367-RS, de 16.09.2010 (Lucia Costella e outro(a/s) vs. Instututo Nacional do Seguro Social — INSS. Intdo.: Confederação Brasileira de Aposentados e Pensionistas — COBAP. Rel.: Min. Marco Aurélio).

retorna à atividade e, o fazendo, torna-se segurado obrigatório. Ele está compelido por lei a contribuir, mas contribui para nada, ou, melhor dizendo, para muito pouco: para fazer apenas jus ao salário-família e à reabilitação. Esse é um caso importantíssimo, como da tribuna se anunciou, porque nós temos 500 mil segurados obrigatórios que retornaram à atividade e contribuem como se fossem trabalhadores que estivessem ingressando pela primeira vez na Previdência Social", afirmou.

O ministro Marco Aurélio ressaltou que anteriormente o aposentado nestas condições tinha direito ao chamado "pecúlio", ou seja, a Previdência Social permitia o levantamento do valor contribuído, com os acréscimos legais. Mas a Lei n. 9.032/95 extinguiu o pecúlio. Dois anos depois, a Lei n. 9.528/97 estabeleceu que *"o aposentado pelo Regime Geral de Previdência Social (RGPS) que permanecer em atividade sujeita a este regime, ou a ele retornar, não fará jus a prestação alguma da Previdência Social em decorrência do exercício dessa atividade, exceto ao salário-família e à reabilitação profissional, quando empregado".*

No recurso ao STF, a defesa das aposentadas gaúchas alega que a lei fere o disposto no artigo 201, parágrafo 11, da Constituição Federal. O dispositivo estabelece que *"os ganhos habituais do empregado, a qualquer título, serão incorporados ao salário para efeito de contribuição previdenciária e consequente repercussão em benefícios, nos casos e na forma da lei".*

Segundo o ministro Marco Aurélio, a lei não pode "esvaziar" o que a Constituição assegura ao cidadão. *"A disciplina e a remessa à lei são para a fixação de parâmetros, desde que não se mitigue o que é garantido constitucionalmente. O segurado tem, em patrimônio, o direito à satisfação da aposentadoria tal como calculada no ato da jubilação. E, retornando ao trabalho, volta a estar filiado e a contribuir, sem que se possa cogitar de limitação sob o ângulo de benefícios. Por isso, não se coaduna com o disposto no artigo 201 da Constituição Federal a limitação do parágrafo 2º do artigo 18 da Lei n. 8.213/91 que, em última análise, implica nefasto desequilíbrio na equação ditada pelo Diploma Maior",* afirmou.

O ministro Marco Aurélio afirmou que, assim como o trabalhador que após aposentado retorna à atividade tem o ônus de *contribuir, a Previdência Social tem o dever de, em contrapartida, assegurar-lhe os benefícios próprios, levando em consideração as novas contribuições feitas, para que ele possa voltar ao ócio com dignidade, a partir de novo cálculo. "Essa conclusão não resulta na necessidade de declarar-se inconstitucional o § 2º do artigo 18 da Lei n. 8.213/91, mas em emprestar-lhe alcance consentâneo com a Carta Federal, ou seja, no sentido de afastar a duplicidade de benefício, mas não o novo cálculo de parcela previdenciária que deva ser satisfeita", concluiu. Após o voto do relator, o ministro Dias Toffoli pediu vista dos autos, o que interrompeu o julgamento.*[45]

---

[45] Disponível em: <http://www.stf.jus.br/portal/cms/verNoticiaDetalhe.asp?idConteudo=161743&caixaBusca=N>. Acesso em: 08.01.2011.

2. DIREITO À SAÚDE. CONTRIBUIÇÃO PREVIDENCIÁRIA. REPERCUSSÃO GERAL

Quando do julgamento do RE n. 630.137-RS[46], o STF, em plenário virtual de 8.10.2010, acolheu proposta do Relator, Min. Joaquim Barbosa, e reconheceu repercussão geral em recurso cuidando de isenção de contribuição previdenciária no sentido de redução da carga tributária que atinge os que precisam de recursos para buscar restabelecimento de saúde ou amenizar sofrimento. Cuida-se da interpretação do art. 40, § 21, da Constituição da República.

O noticiário acerca do tema registra:

> Por votação unânime, o Plenário Virtual do Supremo Tribunal Federal (STF) reconheceu repercussão geral no Recurso Extraordinário (RE) 630137, interposto pelo Instituto de Previdência do estado do Rio Grande do Sul (IPERGS). A discussão apresentada no caso diz respeito ao dever do estado em reduzir a carga tributária daqueles que retiram parte considerável de seus recursos para restabelecerem sua saúde ou amenizarem seu sofrimento.
>
> O recurso pretende saber se é autoaplicável a isenção da contribuição previdenciária — prevista no artigo 40, parágrafo 21, da Constituição Federal — a beneficiário que, "na forma de lei, for portador de doença incapacitante". No recurso, é questionado ato do Tribunal de Justiça do Rio Grande do Sul, que condenou o instituto a restituir as quantias descontadas a título de contribuição previdenciária que excedam o limite definido, desde a data em que a Emenda Constitucional n. 4/05 entrou em vigor.

---

[46] RE n. 630.137-RS, de 08.10.2010 (Instituto de Previdência do Estado do Rio Grande do Sul — IPERGS vs. Paulo Cláudio Dreher e outro(a/s). Rel.: Min. Joaquim Barbosa).

O IPERGS sustenta que o artigo 40, parágrafo 21, da CF, não é autoaplicável e que inexiste legislação de normas gerais que regule a limitação ao poder de tributar (artigo 146, inciso II, da CF). Aponta que a lei é necessária para definir quais doenças serão abrangidas pela imunidade. Também argumenta que o acórdão contestado, ao estender a lista de doenças incapacitantes utilizada para motivar a aposentadoria especial à imunização tributária, violou o princípio da separação de poderes (aplicação, por analogia, da Lei Complementar Estadual 10.098/94).

O relator, ministro Joaquim Barbosa, entendeu caracterizada a repercussão geral da matéria. "Ambos os pontos versados pelo estado recorrente têm intensa densidade constitucional", avaliou.

Segundo ele, a Constituição Federal define a proteção da saúde como prioritária (artigo 196, da CF) "e é lícito considerar que o acometimento de graves doenças impõe peso considerável aos recursos patrimoniais disponíveis (ou faltantes) dos cidadãos (custo de longos tratamentos com honorários médicos, exames, medicamentos, etc.)". Dessa forma, considerou haver relevância constitucional "acerca da discussão sobre os limites da postura estatal no cumprimento de seu dever de reduzir outros ônus periféricos, como a carga tributária, àqueles que comprovadamente são obrigados a destacar recursos consideráveis ao restabelecimento da saúde ou, ao menos, à mitigação de sofrimento".

Por outro lado, o ministro Joaquim Barbosa observou que, "como toda exoneração devolve à coletividade, em maior ou menor grau, custos da manutenção das políticas públicas, faz-se necessário examinar qual é o ponto de equilíbrio que torna a expectativa de exoneração do contribuinte lícita". No mesmo sentido, o relator salientou ser relevante firmar se "pode o Judiciário, e em quais termos, tomar de empréstimo legislação criada para fins objetivamente distintos para fazer valer o direito constitucional à saúde, ao qual se submete a tributação, neste caso".[47]

---

[47] Disponível em: <http://www.stf.jus.br/portal/cms/verNoticiaDetalhe.asp?idConteudo=163666&caixaBusca=N>. Acesso em: 08.01.2011.

3. VALE-TRANSPORTE. PAGAMENTO EM DINHEIRO. VALIDADE. NÃO INCIDÊNCIA DE CONTRIBUIÇÃO PREVIDENCIÁRIA

O que foi decidido, a 10.3.2010, no RE n. 478.410-SP[48], relatado pelo Min. Eros Grau, é de importância fundamental para o instituto do vale-transporte. Dois pontos, pelo menos, merecem especial atenção. O primeiro refere à possibilidade de sua concessão *in pecunia*, sem que, com isso, perca sua característica específica. O segundo, fornecido dessa maneira (em espécie), não adquire natureza salarial, donde sobre ele continua a não incidir contribuição previdenciária.

A emenda do julgado é a seguinte:

> *RECURSO EXTRAORDINÁRIO. CONTRIBUIÇÃO PREVIDENCIÁRIA. INCIDÊNCIA. VALE-TRANSPORTE. MOEDA. CURSO LEGAL E CURSO FORÇADO. CARÁTER NÃO SALARIAL DO BENEFÍCIO. ARTIGO 150, I, DA CONSTITUIÇÃO DO BRASIL. CONSTITUIÇÃO COMO TOTALIDADE NORMATIVA.*
>
> *1. Pago o benefício de que se cuida neste recurso extraordinário em vale-transporte ou em moeda, isso não afeta o caráter não salarial do benefício.*
>
> *2. A admitirmos não possa esse benefício ser pago em dinheiro sem que seu caráter seja afetado, estaríamos a relativizar o curso legal da moeda nacional.*
>
> *3. A funcionalidade do conceito de moeda revela-se em sua utilização no plano das relações jurídicas. O instrumento monetário válido é padrão de valor, enquanto instrumento de pagamento sendo dotado de poder liberatório: sua entrega ao credor libera o*

---

[48] RE n. 478.410-SP, de 10.03.2010 (UNIBANCO — União de Bancos Brasileiros S.A. *vs.* Instituto Nacional do Seguro Social — INSS. Rel.: Min. Eros Grau).

devedor. Poder liberatório é qualidade, da moeda enquanto instrumento de pagamento, que se manifesta exclusivamente no plano jurídico: somente ela permite essa liberação indiscriminada, a todo sujeito de direito, no que tange a débitos de caráter patrimonial.

4. A aptidão da moeda para o cumprimento dessas funções decorre da circunstância de ser ela tocada pelos atributos do curso legal e do curso forçado.

5. A exclusividade de circulação da moeda está relacionada ao curso legal, que respeita ao instrumento monetário enquanto em circulação; não decorre do curso forçado, dado que este atinge o instrumento monetário enquanto valor e a sua instituição [do curso forçado] importa apenas em que não possa ser exigida do poder emissor sua conversão em outro valor.

6. A cobrança de contribuição previdenciária sobre o valor pago, em dinheiro, a título de vales-transporte, pelo recorrente aos seus empregados afronta a Constituição, sim, em sua totalidade normativa.

Recurso Extraordinário a que se dá provimento.[49]

---

[49] Disponível em: <http://www.stf.jus.br/portal/processo/verProcessoAndamento.asp>. Acesso em: 08.01.2011.

PARTE VI

OUTROS TEMAS

1. MINISTÉRIO PÚBLICO. PODER INVESTIGATÓRIO

A 2ª Turma do STF, julgando o HC 93.930-RJ[50], do qual é relator o Min. Gilmar Mendes, decidiu, a 7.12.2010, que o Ministério Público tem legitimidade para proceder à investigação, colhendo provas e apurando fatos a fim de proceder ao ajuizamento da competente ação penal. Esse julgado demonstra, ademais, a importância do papel do Ministério Público em geral para a vida do povo brasileiro; papel esse que deve ser desempenhado com seriedade e a indispensável cautela, a fim de não violar direitos fundamentais nem a dignidade das pessoas, mas, ao contrário, de preservá-los e garanti-los.

O noticiário acerca do decisório é o seguinte:

> Em decisão unânime, a Segunda Turma do Supremo Tribunal Federal (STF) negou o pedido de Habeas Corpus (HC) 93930, ajuizado em favor de um policial militar acusado de suposta prática de tortura, juntamente com outros militares, contra adolescentes apreendidos na posse de substâncias entorpecentes. A defesa pedia o arquivamento da ação penal, argumentando que o Ministério Público não teria legitimidade para a coleta de novas provas e para apuração dos fatos.
>
> Segundo o relator do caso, ministro Gilmar Mendes, a atividade investigativa do Ministério Público já é aceita pelo STF. "O tema está pendente de solução no Plenário, mas a questão aqui é típica", disse o relator. Nesse sentido, o ministro afirmou que a tortura praticada por policiais militares já possui diversas manifestações na Segunda Turma no sentido de que "a investigação deve ser feita por um órgão que sobrepaire a instituição policial".

---

[50] HC n. 93.930-RJ, de 07.12.2010 (Eduardo Guimarães Monteiro vs. Superior Tribunal de Justiça. Rel.: Min. Gilmar Mendes).

No entendimento do relator, é justificada a atuação do MP diante da situação excepcionalíssima constatada nos autos: "A atividade investigativa supletiva do MP ante a possibilidade de favorecimento aos investigados policiais vem sendo aceita em recentes pronunciamentos desta Corte." O ministro finalizou seu voto no sentido de negar a ordem afirmando que o MP é um órgão com "poder de investigação subsidiária em casos em que é pelo menos plausível a suspeita de que falha a investigação policial".

Controle externo

Ao proferir seu voto, o ministro Ayres Britto reforçou o entendimento de que "perante a polícia, o MP até tem o controle externo por expressa menção constitucional". Afirmou ainda que "esse controle externo que a Constituição Federal adjudicou ao MP, perante a polícia, não tem nada a ver com as atividades administrativas interna corporis da polícia".

O ministro Celso de Mello também frisou em seu voto que reconhece a legitimidade constitucional do poder investigatório do MP, "especialmente em situações assim".[51]

---

[51] Disponível em: <http://www.stf.jus.br/portal/cms/verNoticiaDetalhe.asp?idConteudo=167648&caixaBusca=N>. Acesso em: 25.12.2010.

2. SÚMULAS VINCULANTES DO STF SOBRE MATÉRIA TRABALHISTA

Até final de 2010, foram aprovadas pelo STF mais de 30 Súmulas Vinculantes. Existem projetos de outras. As que cuidam de matéria trabalhista especificamente são em número de nove, e estão abaixo transcritas, com a indicação da fonte de publicação, da legislação pertinente e dos respectivos precedentes.

Súmula Vinculante 4

Salvo nos casos previstos na Constituição, o salário mínimo não pode ser usado como indexador de base de cálculo de vantagem de servidor público ou de empregado, nem ser substituído por decisão judicial.

Fonte de Publicação

DJe n. 83/2008, p. 1, em 9.5.2008.
DOU de 9.5.2008, p. 1.

Legislação

Constituição Federal de 1988, art. 7º, IV e XXIII; art. 39, § 1º e § 3º; art. 42, § 1º; art. 142, § 3º, X.

Precedentes

RE 236396
RE 208684
RE 217700
RE 221234
RE 338760
RE 439035
RE 565714

Súmula Vinculante 6

Não viola a Constituição o estabelecimento de remuneração inferior ao salário mínimo para as praças prestadoras de serviço militar inicial.

Fonte de Publicação

DJe n. 88/2008, p. 1, em 16.5.2008.
DOU de 16.5.2008, p. 1.

Legislação

Constituição Federal de 1988, art. 1º, III; art. 5º, "caput"; art. 7º, IV; art. 142, § 3º, VIII, (redação dada pela Emenda Constitucional n. 18/1998); art. 143, "caput", § 1º e § 2º.
Medida Provisória 2215/2001, art. 18, § 2º.

Precedentes

RE 570177
RE 551453
RE 551608
RE 558279
RE 557717
RE 557606
RE 556233
RE 556235
RE 555897
RE 551713
RE 551778
RE 557542

Súmula Vinculante 10

Viola a cláusula de reserva de plenário (CF, artigo 97) a decisão de órgão fracionário de tribunal que, embora não declare expressamente a inconstitucionalidade de lei ou ato normativo do poder público, afasta sua incidência, no todo ou em parte.

Fonte de Publicação

DJe n. 117/2008, p. 1, em 27.6.2008.
DOU de 27.6.2008, p. 1.

Legislação

Constituição Federal de 1988, art. 97.

Precedentes
RE 482090
RE 240096
RE 544246
RE 319181
AI 472897 AgR

Súmula Vinculante 13
A nomeação de cônjuge, companheiro ou parente em linha reta, colateral ou por afinidade, até o terceiro grau, inclusive, da autoridade nomeante ou de servidor da mesma pessoa jurídica investido em cargo de direção, chefia ou assessoramento, para o exercício de cargo em comissão ou de confiança ou, ainda, de função gratificada na administração pública direta e indireta em qualquer dos Poderes da União, dos Estados, do Distrito Federal e dos Municípios, compreendido o ajuste mediante designações recíprocas, viola a Constituição Federal.

Fonte de Publicação
DJe n. 162/2008, p. 1, em 29.8.2008.
DOU de 29.8.2008, p. 1.

Legislação
Constituição Federal de 1988, art. 37, "caput".

Precedentes
ADI 1521 MC
MS 23780
ADC 12 MC
ADC 12 (acórdão pendente de publicação)
RE 579951

Súmula Vinculante 15
O cálculo de gratificações e outras vantagens do servidor público não incide sobre o abono utilizado para se atingir o salário mínimo.

Fonte de Publicação
DJe n. 121/2009, p. 1, em 1º.7.2009.
DOU de 1º.7.2009, p. 1.

Legislação

Constituição Federal de 1988, art. 7º, IV.

Precedentes

RE 439360 AgR
RE 518760 AgR
RE 548983 AgR
RE 512845 AgR
RE 490879 AgR
RE 474381 AgR
RE 436368 AgR
RE 572921 RG-QO

Súmula Vinculante 16

Os artigos 7º, IV, e 39, § 3º (redação da EC 19/98), da Constituição, referem-se ao total da remuneração percebida pelo servidor público.

Fonte de Publicação

DJe n. 121/2009, p. 1, em 1º.7.2009.
DOU de 1º.7.2009, p. 1.

Legislação

Constituição Federal de 1988, art. 7º, IV; art. 39, § 2º (redação anterior à Emenda Constitucional 19/1998); art. 39, § 3º (redação dada pela Emenda Constitucional 19/1998).
Emenda Constitucional 19/1998.

Precedentes

RE 199098
RE 197072
RE 265129
AI 492967 AgR
AI 601522 AgR
RE 582019 RG-QO

Súmula Vinculante 22

A Justiça do Trabalho é competente para processar e julgar as ações de indenização por danos morais e patrimoniais decorrentes de acidente de trabalho propostas por empregado contra empregador, inclusive aquelas que ainda não possuíam sentença de mérito em primeiro grau quando da promulgação da Emenda Constitucional n. 45/04.

Fonte de Publicação

DJe n. 232/2009, p. 1, em 11.12.2009.
DOU de 11.12.2009, p. 1.

Legislação

Constituição Federal de 1988, art. 7º, XXVIII; art. 109, I; art. 114.

Precedentes

CC 7204
AI 529763 AgR-ED
AI 540190 AgR
AC 822 MC

Súmula Vinculante 23

A Justiça do Trabalho é competente para processar e julgar ação possessória ajuizada em decorrência do exercício do direito de greve pelos trabalhadores da iniciativa privada.

Fonte de Publicação

DJe n. 232/2009, p. 1, em 11.12.2009.
DOU de 11.12.2009, p. 1.

Legislação

Constituição Federal de 1988, art. 114, II.

Precedentes

RE 579648
CJ 6959
RE 238737
AI 611670
AI 598457
RE 555075
RE 576803

Súmula Vinculante 25

É ilícita a prisão civil de depositário infiel, qualquer que seja a modalidade do depósito.

Fonte de Publicação

Aguardando publicação.

Legislação

Constituição Federal de 1988, artigo 5º, LXVII e § 2º.
Convenção Americana sobre Direitos Humanos (Pacto de São José da Costa Rica), artigo 7º, § 7º.
Pacto Internacional sobre Direitos Civis e Políticos, artigo 11.

Precedentes

RE 562.051
RE 349.703
RE 466.343
HC 87.585
HC 95.967
HC 91.950
HC 93.435
HC 96.687 MC
HC 96.582
HC 90.172
HC 95.170 MC

ÍNDICES

ÍNDICE GERAL

INTRODUÇÃO	13
PARTE I — DIREITOS INDIVIDUAIS	15
1. Adicional de insalubridade. Base de cálculo	17
2. Dispensa imotivada. Indenização de 50%	22
3. Gratificação percebida por cinco anos. Direito à incorporação	24
4. Isonomia. Aposentados X Ativos. Impossibilidade	33
5. Radiologista. Remuneração. Vinculação ao salário mínimo	38
6. Responsabilidade subsidiária. Súmula n. 331, IV, do TST...	41
PARTE II — DIREITOS COLETIVOS	47
1. Associação e sindicato. Direito de registro	49
2. Greve	51
PARTE III — DIREITO PROCESSUAL	67
1. Acordão. Fundamentação	69
2. Direito de defesa. Crítica à sentença. Direito do advogado	71
3. Sustentação oral. Advogado. ADIn	75
4. Execução. Prescrição. Prazo	76
PARTE IV — SERVIÇO PÚBLICO	81
1. CNJ. Atividade censória. Possibilidade	83
2. Redutor salarial. Agentes fiscais de renda	100
3. Servidor do Ministério Público Estadual. Exercício da advocacia	101

PARTE V — PREVIDÊNCIA SOCIAL 109
   1. Desaposentação. Recálculo 111
   2. Direito à saúde. Contribuição previdenciária. Repercussão geral 114
   3. Vale-transporte. Pagamento em dinheiro. Validade. Não incidência de contribuição previdenciária 116

PARTE VI — OUTROS TEMAS 119
   1. Ministério Público. Poder investigatório 121
   2. Súmulas vinculantes do STF sobre matéria trabalhista 123

ÍNDICES 129
Índice geral 131
Índice dos julgados publicados na coletânea 133
Índice dos Ministros do STF prolatores dos julgados citados 155
Índice temático 157

ÍNDICE DOS JULGADOS PUBLICADOS NA COLETÂNEA

VOLUMES 1 A 14

N. do Julgado	Volume	Página
AC 340-7-RJ	8	54
AC 9.690-SP	1	41
AC 9.696-3-SP	1	40
ACO 533-9-PI	2	23
ACO (AGRG) 524-0-SP	7	68
ADIn 100-1-MG	8	88
ADIn 254-6-GO	7	48
ADIn 271-6-DF	5	35
ADIn 306-2-DF	4	85
ADIn 554-5-MG	1/10	102/59
ADIn 609-6-DF	6	197
ADIn 639-8-DF	9	17
ADIn 953-2-DF	7	176
ADIn 990-7-MG	7	45
ADIn 1.040-9-DF	6	170
ADIn 1.105-7-DF	11	123
ADIn 1.127-8-DF	10/14	141
ADIn 1.194-4-DF	9/13	154/98
ADIn 1.377-7-DF	10	139
ADIn 1.404-8-SC	4	167
ADIn 1.439-1-DF	7	19
ADIn 1.458-7-DF	1	19
ADIn 1.480-3-DF	2/5	59/15

N. do Julgado	Volume	Página
ADIn 1.484-6-DF	5	170
ADIn 1.661-1-PA	7	120
ADIn 1.662-7-DF	2/5	120/75
ADIn 1.675-1-DF	1	29
ADIn 1.696-0-SE	6	59
ADIn 1.721-3-DF	1/10	46/23
ADIn 1.721-3-DF	2	31
ADIn 1.749-5-DF	4	163
ADIn 1.753-2-DF	2	165
ADIn 1.770-4-DF	2	31
ADIn 1.797-0-PE	4	148
ADIn 1.849-0-DF	3	125
ADIn 1.878-0-DF	2/6/7	34/96/137
ADIn 1.880-4-DF	2	90
ADIn 1.912-3-RJ	3	35
ADIn 1.942-DF	13	67
ADIn 1.946-5-DF	7	132
ADIn 1.953-8-ES	4	59
ADIn 1.967-8-DF	4	163
ADIn 1.971-6-SP	5	163
ADIn 1.976-7-DF	11	65
ADIn 2.010-8-DF	6	200
ADIn 2.024-2-DF	4	164
ADIn 2.054-4-DF	7	182
ADIn 2.093-6-SC	8	103
ADIn 2.098-6-AL	5	127
ADIn 2.105-2-DF	4/5	146/187
ADIn 2.107-9-DF	5	127
ADIn 2.139-7-DF	11/13	49/83
ADIn 2.160-5-DF	4/13	105/83
ADIn 2.180-0-SP	5	163
ADIn 2.201-6-DF	7	93
ADIn 2.310-1-DF	5	95

N. do Julgado	Volume	Página
ADIn 2.652-8-DF	7	174
ADIn 2.679-8-AL	6	49
ADIn 2.687-9-PA	7	128
ADIn 2.931-2-RJ	9	78
ADIn 3.026-4-DF	10	143
ADIn 3.030-2-AP	9	79
ADIn 3.068-0-DF	9	11
ADIn 3.085-0-CE	9	93
ADIn 3.105-8-DF	8	121
ADIn 3.224-1-AP	8	91
ADIn 3.300-0-DF	10	186
ADIn 3.367-1-DF	9/10	83/115
ADIn 3.392-1-DF	11	35
ADIn 3.395-6-DF	9/10	94/95
ADIn 3.453-7-DF	11	63
ADIn 3.934-2-DF	11/13	23/33
ADIn 3.510-0-DF	12	121
ADIn 4.015-PA	12	89
ADIn 4.167-3-DF	12	21
ADIn 4.292-DF	13	59
ADIn 4.347-DF	13	70
ADIn-MC 1.121-9-RS	1	50
ADIn-MC 1.567-2-DF	1	100
ADIn-MC 1.721-3-DF	7	22
ADIn-MC 2.111-7-DF	7	139
ADIn-MC 2.176-1-RJ	4	177
ADIn-MC 3.126-1-DF	8/9	92/92
ADIn-MC 3.472-3-DF	9	117
ADPF 47-5-PA	12	26
ADPF-MC 54-8-DF	8	155
ADPF-151-DF	14	38
AG-AI 156.338-0-PR	1	60

N. do Julgado	Volume	Página
AG-AI 214.076-8-RS	2	123
AG-AI 223.271-7-MG	3	13
AGRAG 248.880-1-PE	4	109
AGRAG 324.304-7-SP	6	157
AG-RE 220.170-2-SP	2	64
AG-RE 227.899-9-MG	2	19
AG-RE 241.935-8-DF	4	49
AG (AGRG) 258.885-1-RJ	4	108
AG (AGRG) 316.458-1-SP	6	162
AGRG-ADIn- 3.153-8-DF	9	25
AGRG-AI 171.020-9-CE	5	39
AGRG-AI 238.385-6-PR	5	70
AGRG-AI 267.115-7-DF	4	137
AGRG-AI 404.860-1-DF	10	103
AGRG-AI 410.330-0-SP	7	60
AGRG-AI 416.962-2-ES	7	17
AGRG-AI 442.897-6-ES	10	163
AGRG-AI 453.737-1-RJ	7	89
AGRG-AI 479.810-7-PR	10	151
AGRG-AI 528.138-0-MS	10	140
AGRG-AI 570.429-9-RS	12	115
AGRG-AI 582.921-1-MA	10	35
AGRG-AO 820-4-MG	7	116
AGRG-MS 25.489-1-DF	9	122
AGRG-RE 222.368-4-PE	7	66
AGRG-RE 273.834-4-RS	5	192
AGRG-RE 281.901-8-SP	5	47
AGRG-RE 299.671-8-RS	6	160
AGRG-RE 347.334-7-MG	7	90
AGRG-RE 409.997-7-AL	10	154
AGRG-RE 507.861-2-SP	11	57
AGRG-RG 269.309-0-MG	5	58

N. do Julgado	Volume	Página
AI 139.671-(AGRG)-DF	1	43
AI 153.148-8-PR	1	60
AI 208.496-9-ES	2	102
AI 210.106-0-RS	2	55
AI 210.466-6-SP	2	45
AI 212.299-0-SP	2	15
AI 212.918-1-DF	2	149
AI 215.008-6-ES	2	36
AI 216.530-8-MG	2	132
AI 216.786-2-SP	2	81
AI 218.578-8-PR	2	125
AI 220.222-2-DF	2	85
AI 220.739-5-SP	2	106
AI 224.483-5-PB	4	44
AI 229.862-4-RS	3	15
AI 233.762-1-RS	3	105
AI 233.835-8-RS	3	90
AI 237.680-1-SP	3	50
AI 238.733-1-MG	3	56
AI 240.632-6-RS	3	121
AI 243.418-0-MG	3	101
AI 244.136-6-SP	3	20
AI 244.154-4-SP	3	71
AI 244.672-0-SP	3	40
AI 245.136-1-RS	3	94
AI 248.256-2-SP	3	43
AI 248.764-1-DF	3	26
AI 249.021-1-SP	3	46
AI 249.470-7-BA	4	96
AI 249.539-2-BA	8	87
AI 249.600-3-MG	3	30
AI 260.198-8-MG	4	124

N. do Julgado	Volume	Página
AI 260.553-8-SP	4	91
AI 260.700-5-DF	4	28
AI 265.946-8-PR	4	73
AI 266.186-4-GO	4	15
AI 270.156-1-RS	5	42
AI 273.327-1-BA	4	173
AI 277.315-1-SC	4	87
AI 277.432-8-PB	4	41
AI 277.651-4-BA	4	47
AI 279.422-1-DF	4	139
AI 290.222-6-AM	5	64
AI 294.013-4-RS	5	79
AI 321.083-2-DF	5	82
AI 321.503-9-MS	5	51
AI 329.165-6-RJ	5	128
AI 333.502-4-SP	10	35
AI 341.920-9-RS	5	143
AI 342.272-1-DF	5	125
AI 359.319-5-SP	5	54
AI 388.729-8-PE	6	117
AI 388.895-1-PB	6	115
AI 401.141-3-SP	10	108
AI 429.939-2-PE	7	88
AI 436.821-2-PE	7	85
AI 449.252-3-SP	7	103
AI 454.064-4-PA	10	64
AI 457.801-1-DF	8	58
AI 457.863-2-RS	8	28
AI 460.355-7-SP	7	118
AI 462.201-0-SP	7	81
AI 465.867-8-MG	9	75
AI 474.751-1-SP	8	68

N. do Julgado	Volume	Página
AI 477.294-5-PI	7	26
AI 478.276-1-RJ	8	44
AI 498.062-2-SP	8	76
AI 500.356-5-RJ	8	44
AI 511.972-0-SP	8	85
AI 513.028-1-ES	8	69
AI 514.509-8-MG	8	26
AI 518.101-6-MG	8	75
AI 522.830-4-RJ	10	84
AI 523.628-8-PR	9	67
AI 525.295-8-BA	9	20
AI 525.434-3-MT	9	38
AI 526.389-1-SP	9	71
AI 529.694-1-RS	9	147
AI 531.237-0-RS	9	68
AI 533.705-2-DF	9	112
AI 534.587-1-SC	10	32
AI 535.068-3-SP	9	28
AI 538.917-7-AL	9	106
AI 539.419-9-MG	9	80
AI 556.247-6-SP	9	142
AI 557.195-2-RJ	10	89
AI 561.126-1-RJ	10	90
AI 567.280-9-MG	10	98
AI 571.672-5-RS	10	171
AI 572.351-3-SP	10	102
AI 579.311-0-PR	10	19
AI 583.599-6-MG	10	37
AI 584.691-8-SP	10	110
AI 629.242-5-SP	11	19
AI 633.430-1-RS	11	21
AI 635.212-1-DF	11	61

N. do Julgado	Volume	Página
AI 640.303-9-SP	11	32
AI 656.720-2-SP	11	40
AI 791.292-PE	14	69
AO 206-1-RN	7	61
AO 757-7-SC	7	110
AO 764-0-DF	7	113
AO 931-6-CE	7	108
AO 1.157-4-PI	10	118
AR 1.371-5-RS	5	135
AR 2.028-2-PE	12	108
AR-AI 134.687-GO	1	37
AR-AI 150.475-8-RJ	1	77
AR-AI 198.178-RJ	1	114
AR-AI 199.970-0-PE	3	88
AR-AI 218.323-0-SP	3	112
AR-AI 245.235-9-PE	3	113
AR-AI 437.347-3-RJ	8	43
CC 6.968-5-DF	1	80
CC 6.970-7-DF	1	79
CC 7.040-4-PE	6	95
CC 7.043-9-RO	6	91
CC 7.053-6-RS	6	102
CC 7.074-0-CE	6	109
CC 7.079-1-CE	8	51
CC 7.091-9-PE	5	56
CC 7.116-8-SP	6	119
CC 7.118-4-BA	6	114
CC 7.134-6-RS	7	58
CC 7.149-4-PR	7	56
CC 7.165-6-ES	8	45
CC 7.171-1-SP	8	48
CC 7.201-6-AM	12	63

N. do Julgado	Volume	Página
CC 7.204-1-MG	9	54
CC 7.242-3-MG	12	101
CC 7.295-4-AM	10	92
CC 7.376-4-RS	10	60
CC 7.456-6-RS	12	84
CC 7.484-1-MG	11	52
CC 7.500-MG	13	78
CR 9.897-1-EUA	6	214
ED-ED-RE 191.022-4-SP	2	96
ED-ED-RE 194.662-8-BA	7/9	40/26
ER-RE 190.384-8-GO	4	35
ED-RE 194.707-1-RO	3	86
ED-RE 348.364-1-RJ	8	22
HC 77.631-1-SC	7	183
HC 80.198-6-PA	4	78
HC 81.319-4-GO	6	212
HC 84.270-4-SP	8	41
HC 85.096-1-MG	9	58
HC 85.585-5-TO	11	127
HC 85.911-9-MG	9	70
HC 87.585-TO	12	131
HC 93.930-RJ	14	121
HC 98.237-SP	14	71
HC 98.873-8-SP	13	91
IF 607-2-GO	2	115
MC em AC 1.069-1-MT	10	104
MC em ADIn 2.135-4-9-DF	11	76
MC em ADIn 2.527-9-DF	11	68
MC em ADIn 3.395-6-DF	9	98
MC em ADIn 3.540-1-DF	10	182
MC em HC 90.354-1-RJ	11	129
MC em HC 92.257-1-SP	11	135

N. do Julgado	Volume	Página
MC em MS 24.744-4-DF	8	110
MC em MS 25.027-5-DF	8	104
MC em MS 25.498-8-DF	9	130
MC em MS 25.503-0-DF	9	116
MC em MS 25.511-1-DF	9	132
MC em MS 25.849-1-DF	9	120
MC em Rcl. 2.363-0-PA	7	74
MC em Rcl. 2.653-1-SP	8	117
MC em Rcl. 2.670-1-PR	8	114
MC em Rcl. 2.684-1-PI	8	61
MC em Rcl. 2.772-4-DF	8	99
MC em Rcl. 2.804-6-PB	8	72
MC em Rcl. 2.879-6-PA	8	65
MC em Rcl. 3.183-7-PA	9	98
MC em Rcl. 3.431-3-PA	9	102
MC em Rcl. 3.760-6-PA	9	35
MC em Rcl. 4.306-1-TO	10	96
MC em Rcl. 4.317-7-PA	10	99
MC em Rcl. 4.731-8-DF	10	129
MI 20-4-DF	1	86
MI 102-2-PE	6	133
MI 347-5-SC	1	85
MI 585-9-TO	6	59
MI 615-2-DF	9	45
MI 670-7-DF	7	41
MI 670-9-ES	11/12	80/42
MI 692-0-DF	7	23
MI 708-0-DF	11/12	81/42
MI 712-8-PA	11/12	80/50
MI 758-4-DF	12	30
MI 817-5-DF	12	40
MS 21.143-1-BA	2	93

N. do Julgado	Volume	Página
MS 22.498-3-BA	2	34
MS 23.671-0-PE	4	80
MS 23.912-3-RJ	5	197
MS 24.008-3-DF	9	91
MS 24.414-3-DF	7	107
MS 24.875-1-DF	10	133
MS 24.913-7-DF	8	78
MS 25.191-3-DF	9	90
MS 25.326-6-DF	9	118
MS 25.496-3-DF	9	124
MS 25.763-6-DF	10	154
MS 25.938-8-DF	12	97
MS 25.979-5-DF	10	146
MS 26.117-0-MS	14	24
MS 28.133-DF	13	143
MS 28.137-DF	13	53
MS 28.801-DF	14	83
MS 28.871-RS	14	101
MSMC 21.101-DF	1	38
MCMS 24.637-5-DF	7	98
Petição 1.984-9-RS	7	177
Petição 2.793-1-MG	6	226
Petição 2.933-0-ES	7	54
QO-MI 712-8-PA	11	79
RE 109.085-9-DF	3	127
RE 109.450-8-RJ	3	75
RE 109.723-0-RS	10	71
RE 113.032-6-RN	6	70
RE 117.670-9-PB	2	160
RE 118.267-9-PR	1	76
RE 126.237-1-DF	4	110
RE 131.032-4-DF	1	80

N. do Julgado	Volume	Página
RE 134.329-0-DF	3	82
RE 141.376-0-RJ	5	93
RE 144.984-5-SC	2	111
RE 146.361-9-SP	3	76
RE 146.822-0-DF	1	52
RE 150.455-2-MS	3	104
RE 157.057-1-PE	3	81
RE 157.428-3-RS	3	29
RE 158.007-1-SP	6	188
RE 158.448-3-MG	2	164
RE 159.288-5-RJ	1	52
RE 165.304-3-MG	5	194
RE 172.293-2-RJ	2	92
RE 175.892-9-DF	4	132
RE 176.639-5-SP	1	68
RE 181.124-2-SP	2	163
RE 182.543-0-SP	1	62
RE 183.883-3-DF	3	24
RE 183.884-1-SP	3	115
RE 187.229-2-PA	3	114
RE 187.955-6-SP	3	114
RE 189.960-3-SP	5	44
RE 190.384-8-GO	4	36
RE 190.844-1-SP	4	60
RE 191.022-4-SP	1	68
RE 191.068-2-SP	11	44
RE 193.579-1-SP	7	47
RE 193.943-5-PA	2	130
RE 194.151-1-SP	2	109
RE 194.662-8-BA	5/6	37/69
RE 194.952-0-MS	5	117
RE 195.533-3-RS	2	33

N. do Julgado	Volume	Página
RE 196.517-7-PR	5	57
RE 197.807-4-RS	4	32
RE 197.911-9-PE	1	74
RE 198.092-3-SP	1	66
RE 199.142-9-SP	4	57
RE 200.589-4-PR	3	64
RE 201.572-5-RS	5	157
RE 202.063-0-PR	1	59
RE 202.146-6-RS	3	130
RE 203.271.9-RS	2	95
RE 204.126-2-SP	6	187
RE 204.193-9-RS	5	156
RE 205.160-8-RS	3	77
RE 205.170-5-RS	2	48
RE 205.701-1-SP	1	36
RE 205.815-7-RS	1	27
RE 206.048-8-RS	5	195
RE 206.220-1-MG	3	74
RE 207.374-1-SP	2	109
RE 207.858-1-SP	3	67
RE 209.174-0-ES	2	149
RE 210.029-1-RS	7	47
RE 210.069-2-PA	3	132
RE 210.638-1-SP	2	123
RE 212.118-5-SP	5	59
RE 213.015-0-DF	6	134
RE 213.111-3-SP	7	47
RE 213.244-6-SP	2	40
RE 213.792-1-RS	2	98
RE 214.668-1-ES	7/10	47/75
RE 215.411-3-SP	5	30
RE 215.624-8-MG	4	106

N. do Julgado	Volume	Página
RE 216.214-1-ES	4	142
RE 216.613-8-SP	4	52
RE 217.162-2-DF	3	125
RE 217.328-8-RS	4	50
RE 217.335-5-MG	4	43
RE 219.434-0-DF	6	19
RE 220.613-1-SP	4	31
RE 222.334-2-BA	5	25
RE 222.368-4-PE	6	124
RE 222.560-2-RS	2/6	51/32
RE 224.667-9-MG	3	38
RE 225.016-1-DF	5	113
RE 225.488-1-PR	4	33
RE 225.872-5-SP	8	33
RE 226.204-6-DF	6	30
RE 226.855-7-RS	4	17
RE 227.410-9-SP	4	13
RE 227.899-8-MG	2	17
RE 228.035-7-SC	7	122
RE 230.055-1-MS	3	59
RE 231.466-5-SC	6	54
RE 232.787-0-MA	3	79
RE 233.664-9-DF	5	40
RE 233.906-2-RS	9	86
RE 234.009-4-AM	3	110
RE 234.068-1-DF	8	109
RE 234.186-3-SP	5	23
RE 234.431-8-SC	10	68
RE 234.535-9-RS	5	60
RE 235.623-8-ES	9	75
RE 235.643-9-PA	4	36
RE 236.449-1-RS	3	131

N. do Julgado	Volume	Página
RE 237.965-3-SP	4	34
RE 238.737-4-SP	2	44
RE 239.457-5-SP	6	22
RE 240.627-8-SP	3	53
RE 241.372-3-SC	5	142
RE 243.415-9-RS	4	178
RE 244.527-4-SP	3	129
RE 245.019-7-ES	3	65
RE 247.656-1-PR	5	29
RE 248.278-1-SC	10	151
RE 248.282-0-SC	5	123
RE 248.857-7-SP	6	167
RE 249.740-1-AM	3	75
RE 252.191-4-MG	5	158
RE 254.518-0-RS	4	171
RE 254.871-5-PR	5	29
RE 256.707-8-RJ	9	53
RE 257.063-0-RS	5	152
RE 257.836-3-MG	6	82
RE 259.713-9-PB	5	120
RE 260.168-3-DF	4	179
RE 261.344-4-DF	6	194
RE 263.381-0-ES	6	25
RE 264.299-1-RN	4	100
RE 264.434-MG	14	22
RE 265.129-0-RS	4	37
RE 273.347-4-RJ	4	46
RE 275.840-0-RS	5	122
RE 278.946-1-RJ	8	19
RE 281.297-8-DF	5	26
RE 284.627-9-SP	6	18
RE 284.753-6-PA	6	183

N. do Julgado	Volume	Página
RE 287.024-2-RS	8	35
RE 287.925-8-RS	8	20
RE 289.090-1-SP	5	44
RE 291.822-9-RS	10	76
RE 291.876-8-RJ	5	155
RE 292.160-2-RJ	5	77
RE 293.231-1-RS	5	78
RE 293.287-6-SP	6	85
RE 293.932-3-RJ	5	86
RE 299.075-5-SP	5	130
RE 305.513-9-DF	6	83
RE 308.107-1-SP	5	147
RE 311.025-0-SP	6	181
RE 318.106-8-RN	9	78
RE 329.336-2-SP	6	17
RE 330.834-3-MA	6	177
RE 333.236-8-RS	6	145
RE 333.697-5-CE	6	20
RE 340.005-3-DF	6	112
RE 340.431-8-ES	6	53
RE 341.857-2-RS	6	192
RE 343.183-8-ES	6	178
RE 343.144-7-RN	6	176
RE 344.450-6-DF	9	109
RE 345.874-4-DF	6	158
RE 347.946-6-RJ	6	198
RE 349.160-1-BA	7	87
RE 349.703-RS	12	131
RE 350.822-9-SC	7	131
RE 351.142-4-RN	9	81
RE 353.106-9-SP	6	67
RE 356.711-0-PR	9	62

N. do Julgado	Volume	Página
RE 362.483-1-ES	89	17
RE 363.852-1-MG	9	146
RE 368.492-2-RS	7	134
RE 369.779-0-ES	7	17
RE 369.968-7-SP	8	39
RE 371.866-5-MG	9	40
RE 372.436-3-SP	7	188
RE 378.569-9-SC	7	126
RE 381.367-RS	14	111
RE 382.994-7-MG	9	18
RE 383.074-1-RJ	8	164
RE 383.472-0-MG	7	39
RE 387.259-1-MG	7	57
RE 387.389-0-RS	7	71
RE 390.881-2-RS	7	136
RE 392.303-8-SP	6	26
RE 392.976-3-MG	8	85
RE 394.943-8-SP	9	55
RE 395.323-4-MG	6	38
RE 396.092-0-PR	7	28
RE 398.041-0-PA	10	40
RE 398.284-2-RJ	12	19
RE 403.832-3-MG	7	56
RE 405.031-5-AL	12	91
RE 415.563-0-SP	9	151
RE 419.327-2-PR	9	43
RE 430.145-8-RS	10	136
RE 439,035-3-ES	12	17
RE 441.063-0-SC	9	60
RE 444.361-9-MG	9	56
RE 445.421-1-PE	10	167
RE 449.420-5-PR	9	192

N. do Julgado	Volume	Página
RE 451.859-7-RN	11	73
RE 459.510-MT	13	81
RE 466.343-1-SP	11/12	134/131
RE 478.410-SP	14	116
RE 485.913-3-PB	10	131
RE 503.415-5-SP	11	60
RE 505.816-6-SP	11	37
RE 507.351-3-GO	11	58
RE 519.968-1-RS	11	29
RE 545.733-8-SP	11	17
RE 548.272-3-PE	11	119
RE 553.159-DF	13	31
RE 555.271-3-AM	11	121
RE 556.664-1-RS	12	87
RE 563.965-RN	13	140
RE 569.056-3-PA	12	81
RE 569.815-7-SP	11	55
RE 570.177-8-MG	12	28
RE 570.908-RN	13	139
RE 572.052-RN	13	151
RE 578.543-MT	13	99
RE 579.648-5-MG	12	58
RE 597.368-RE	13	99
RE 600.091-MG	13	58
RE 630.137-RS	14	114
RE (Edu) 146.942-1-SP	6	108
RCL. 743-3-ES	8	72

N. do Julgado	Volume	Página
RCL. 1.728-1-DF	5	118
RCL. 1.786-8-SP	5	72
RCL. 1.979-9-RN	6	148
RCL. 2.135-1-CE	9	65
RCL. 2.155-6-RJ	6/8	148/71
RCL. 2.267-6-MA	8	67
RCL. 3.322-8-PB	9	111
RCL. 3.900-5-MG	9	126
RCL. 4.012-7-MT	11	114
RCL. 4.303-7-SP	10	69
RCL 4.464-GO	12	78
RCL. 4.489-1-PA	13	129
RCL. 5.381-4-AM	12	65
RCL. 5.381-ED-AM	12/13	109/131
RCL. 5.155-PB	13	29
RCL. 5.543-AgR-GO	13	35
RCL. 5.698-8-SP	12	35
RCL 5.758-SP	13	133
RCL. 5.798-DF	12	54
RCL. 6.568-SP	12/13	68/63
RCL. 7.342-9-PA	12	87
RCL. 7.901-AM	14	41
RCL. 8.388-PE	13	19
RCL. 8.949-SP	13	154
RCL. 10.164-SP	14	17
RCL. 10.243-SP	14	56
RCL. 10.466-GO	14	33

N. do Julgado	Volume	Página
RCL. 10.580-DF	14	60
RCL. 10.776-PR	14	76
RCL. 10.798-RJ	14	51
RHC 81.859-5-MG	6	121
RMS 2.178-DF	1	72
RMS 21.053-SP	14	49
RMS 23.566-1-DF	6	41
RMS (EdAgR) 24.257-8-DF	6	211
RO-MS 23.040-9-DF	3	103
RO-MS 24.309-4-DF	7	45
RO-MS 24.347-7-DF	7	105
SEC 5.778-0-EUA	9	156
SS 1.983-0-PE	7	94
SS 4.318-SP	14	100
SÚMULAS DO STF	7	143
SÚMULAS VINCULANTES DO STF	12	135
TST-RE-AG-AI-RR 251.899/96.7	1	111
TST-RE-AG-E-RR 144.583/94.4	2	50
TST-RE-AG-E-RR 155.923/95.9	1	92
TST-RE-AG-E-RR 286.778/96.5	1	25
TST-RE-AG-RC 343.848/97.8	2	112
TST-RE-AI-RR 242.595/96.2	1	106
TST-RE-AI-RR 242.708/96.5	2	137
TST-RE-AI-RR 286.743/96.7	1	56
TST-RE-AI-RR 299.174/96.7	1	104
TST-RE-AI-RR 305.874/96.8	1	24
TST-RE-AR 210.413/95.3	2	69

N. do Julgado	Volume	Página
TST-RE-AR 278.567/96.5	1	33
TST-RE-ED-AI-RR 272.401/96.3	2	52
TST-RE-ED-E-RR 81.445/93.0	2	155
TST-RE-ED-E-RR 117.453/94.7	1	95
TST-RE-ED-E-RR 140.458/94.8	2	71
TST-RE-ED-E-RR 651.200/00.9	6	35
TST-RE-ED-RO-AR 331.971/96.9	4	102
TST-RE-ED-RO-AR 396.114/97.7	4	122
TST-RE-ED-RO-AR 501.336/98.0	6	164
TST-RE-ED-RO-AR 671.550/2000.2	7	51
TST-RE-E-RR 118.023/94.4	2	153
TST-RE-E-RR 411.239/97.8	7	43
TST-RE-RMA 633.706/2000.6	4	84
TST-RE-RO-AA 385.141/97.6	2	74
TST-RE-RO-AR 209.240/95.6	1	97
TST-RE-RO-DC 284.833/96.1	1	69

ÍNDICE DOS MINISTROS DO STF PROLATORES DOS JULGADOS CITADOS

VOLUMES 1 A 14
(O primeiro número (em negrito) corresponde ao volume
e os demais, às páginas iniciais dos julgados)

CARLOS AYRES BRITTO 7/23; **8**/54; **9**/30,35,53,78,102; **10**/23, 39, 89, 99, 102, 131; **11**/29, 37 **12**/65, 11, 131; **13**/ 29, 78, 131 **14**/26, 70

CARLOS VELLOSO 1/27,62,66,79,102; **2**/17,19,101; **3**/39,59,125; **5**/26,86,152,156; **6**/30, 32, 54, 83, 91, 117, 121, 158, 167, 171, 176, 178, 192, 226; **7**/17, 48, 54, 67, 109, 118, 122, 134, 136; **8**/103, 104, 110, 114; **9**/79, 120, 122, 126, 151; **10**/154; **14**/49

CÁRMEN LUCIA 10/129; **11**/21, 32, 40, 61, 63, 135; **12**/58, 68, 78, 97 **13**/19, 98, 129, 133, 139, 140, 154 **14**/22, 33, 41

CÉLIO BORJA 1/37

CELSO DE MELLO 1/19, 38, 50, 86; **2**/60, 109, 115; **3**/36, 86; **4**/15, 146; **5**/15, 39, 70, 164, 170, 187, 192; **6**/26, 95, 102, 124, 145, 162, 183, 200, 212; **7**/19, 53, 66, 89, 116, 183, 188; **8**/39, 43, 61, 78; **9**/25, 40, 45, 68, 75, 112, 132, 156; **10**/64, 76, 90, 92, 140, 159, 171, 182, 186; **11**/83 **12**/89 **13**/ 91, 132 **14**/71, 83

CEZAR PELUSO 7/106; **8**/35, 58, 68, 99, 117, 121; **9**/19, 43, 56, 63, 83, 116; **10**/71, 95, 115, 136, 167; **11**/35, 55, 121, 129, 134; **12**/131; **13**/81; **14**/100

DIAS TOFFOLI 13/77; **14**/101

ELLEN GRACIE 5/117, 157, 197; **6**/17, 18, 38, 119, 157, 170, 187, 211; **7**/57, 88, 108, 176; **8**/16, 19, 20, 88, 91, 121; **9**/53, 65, 78, 81, 90, 109; **10**/104, 151, 163; **11**/68, 76; **12**/26, 50, 54, 101; **13**/87, 99; **14**/76

EROS ROBERTO GRAU 8/26, 45, 48; **9**/55, 60, 110, 11, 124; **10**/59, 143, 154; **11**/57, 58, 73, 79, 80, 123; **12**/101, **13**/63, 70; **14**/24, 116

GILMAR MENDES 6/148; **7**/58, 74, 120, 131; **8**/41, 65, 69, 71; **9**/26, 92, 147; **10**/98, 108, 118; **11**/19, 52, 80, 81, 101, 129; **12**/14, 42, 87, 107; **13**/31; **14**/17, 38, 51, 69, 121

ILMAR GALVÃO 1/46, 60, 68, 76, 77; **2**/31, 34, 90; **3**/29; **4**/31, 37, 49, 59, 148, 175; **5**/29, 127, 142; **6**/20, 53, 60, 112, 160, 177, 181, 196, 198; **7**/22, 137

JOAQUIM BARBOSA 7/57; **8**/44, 51, 72, 85; **9**/17, 98, 130, 142; **10**/32, 35, 40, 75, 103, 151; **11**/44, 65 **12**/21; **13**/67, 143; **14**/114

MARCO AURÉLIO 1/115; **2**/15, 23, 36, 40, 45, 48, 51, 64, 79, 81, 86, 92, 93, 96, 102, 106, 111, 125, 132, 139, 150, 164; **3**/15, 20, 26, 30, 35, 38, 40, 43, 46, 50, 56, 67, 71, 74, 81, 90, 94, 104, 105, 107, 110, 112, 114, 121, 125; **4**/28, 69, 74, 80, 87, 91, 96, 100, 106, 124, 129, 136, 139, 167, 173; **5**/37, 44, 51, 58, 59, 60, 64, 79, 82, 95, 122, 123, 143; **6**/69, 108, 133, 214; **7**/28, 40, 45, 71, 80, 94, 103, 113, 177; **8**/28, 44, 72, 76, 155, 164; **9**/18, 67, 70, 71, 118, 146; **10**/36, 69, 84; **11**/17, 60, 114, 119, 127; **12**/30, 91, 131; **13**/ 53, 83; **14**/111

MAURÍCIO CORRÊA 1/36; **2**/120; **3**/53, 63, 131, 132; **4**/43, 78, 109, 179; **5**/25, 72, 76, 78, 158; **6**/22, 67, 82, 114, 148, 197; **7**/34, 39, 41, 69, 90, 105, 126, 174, 181 **9**/154

MENEZES DIREITO 12/19, 81, 84

MOREIRA ALVES 2/32, 34, 123, 163; **3**/64, 76, 113; **4**/13, 17, 18, 19, 33, 34, 108; **5**/35, 125, 130, 153; **6**/19, 25, 41, 49

NELSON JOBIM 4/51, 52, 58, 60, 163; **5**/40, 58, 195; **7**/60, 61, 93, 128; **8**/22, 67, 92; **9**/94; **10**/139

NÉRI DA SILVEIRA 1/17, 41, 85; **2**/55, 109, 130, 160; **3**/24, 79, 82, 103, 117, 127; **4**/47, 72, 85, 132; **5**/30, 44, 47, 93, 118, 135, 147, 163; **6**/70, 86, 134, 189

OCTAVIO GALLOTTI 1/59, 74; **2**/33, 77, 95, 98; **3**/130; **4**/32, 35, 50, 105; **5**/194; **11**/49

PAULO BROSSARD 1/52

RICARDO LEWANDOWSKY 10/96, 141; **11**/23, 103; **12**/28, 35, 63, 115; **13**/33, 59, 151; **14**/56, 75

SEPÚLVEDA PERTENCE; 1/72, 80; **2**/24, 124, 149, 165; **3**/13, 18, 66, 75, 101, 114, 115; **4**/36, 46, 71, 110, 165, 170, 177; **5**/23, 54, 77, 120; **6**/59, 109, 115, 194; **7**/26, 56, 85, 87, 98, 182; **8**/33, 75, 85, 87, 109; **9**/20, 28, 38, 58, 75, 88, 91, 105, 106, 137; **10**/19, 60, 68, 110, 133, 146

SYDNEY SANCHES 1/40, 100; **3**/75, 77, 88, 129; **4**/44, 142, 171; **5**/42, 56, 113, 128; **7**/46, 132, 139

ÍNDICE TEMÁTICO

VOLUMES 1 A 14
(o primeiro número corresponde ao volume e o segundo,
à página inicial do julgado)

Ação Civil Pública, 3/74, 7/43, 8/65, 9/95

Ação Coletiva. Órgão de jurisdição nacional, 6/41

Ação de Cumprimento
Competência da Justiça do Trabalho. Contribuições, 1/79
Incompetência da Justiça do Trabalho. Litígio entre sindicato e empresa, anterior à Lei n. 8.984/95, 1/80

Ação Rescisória
Ação de cumprimento de sentença normativa, 7/51
Autenticação de peças, 9/38
Indeferimento de liminar para suspender execução, 4/69
Medida cautelar. Planos econômicos, 3/90
URP. Descabimento, 5/51

Acesso à Justiça
Celeridade, 9/45
Gratuidade, 10/89
Presunção de miserabilidade, 2/101

Acidente do trabalho
Competência, 7/56, 8/39, 9/40, 9/53, 9/55, 13/77
Responsabilidade do empregador, 6/187
Rurícola, 6/188
Seguro, 7/131

Acórdão, 14/69

Adicional de insalubridade
Aposentadoria. Tempo de serviço, 7/134, 11/17
Base de cálculo, 2/15, 3/13, 7/17, 10/19, 11/17, 12/17, 13/19, 14/17
Caracterização, 6/17
Vinculação ou não ao salário mínimo, 4/13, 6/18, 7/17, 12/17

Adicional de periculosidade
   Fixação do *quantum*. Inexistência de matéria constitucional, 3/15
   Percepção. Inexistência de matéria constitucional, 4/15

ADIn
   Agências reguladoras. Pessoal celetista, 5/95
   Aprovação em concurso público, 9/76
   Ascensão funcional, 9/79
   Associação. Ilegitimidade ativa, 5/163, 9/25
   Auxílio-doença, 9/17
   Comissão de Conciliação Prévia, 11/49
   Confederação. Legitimidade, 3/35 5/163
   Conselho Nacional de Justiça, 9/83
   Conselho Superior do Ministério Público, 9/88
   Depósito prévio. INSS, 11/123
   Dissídio coletivo, 11/35
   Efeito vinculante, 8/61
   Emenda Constitucional, 4/163, 4/164, 9/83
   Entidade de 3º grau. Comprovação, 6/49
   Estatuto da Advocacia, 9/154
   Federação. Legitimidade, 3/36
   Férias coletivas, 9/93
   Licença-maternidade. Valor, 7/132
   Normas coletivas. Lei estadual, 10/59
   Omissão legislativa, 5/170
   Parcela autônoma de equivalência, 5/187
   Perda de objeto, 7/41
   Precatórios, 11/63
   Propositura, 3/35
   Provimento n. 5/99 da CGJT. Juiz Classista. Retroatividade, EC n. 24/99, 7/93
   Reedição. Aditamento à inicial, 3/125
   Recuperação de empresas, 11/23
   Recurso administrativo, 11/65
   Salário mínimo. Omissão parcial. Valor, 7/19
   Servidor público, 9/94, 11/73
   Superveniência de novo texto constitucional, 4/167
   Trabalho Temporário, 9/111, 11/114
   Transcendência, 11/67

Adolescente. Trabalho educativo, 2/21

ADPF, 8/155

Advocacia/Advogado, 7/174
Direito de defesa, 14/71
Estatuto da, 9/154
Revista pessoal, 8/41
Sustentação oral, 14/75

Agente fiscal de renda, 14/100

Agravo de Instrumento
Autenticação, 3/71, 8/43
Formação, 2/102, 8/43
Inviabilidade de recurso extraordinário, 5/54
Petição Apócrifa, 8/42

Agravo Regimental, 7/53

Anencefalia, 8/155

Antecipação de Tutela. Competência, 7/54

Aposentadoria, 1/46
Adicional de insalubridade, 7/134
Aposentadoria Voluntária, 8/114, 10/23, 13/154
Auxílio-alimentação, 3/130, 5/143, 6/192
Complementação, 10/98, 11/52, 12/109, 13/78
Continuidade da relação de emprego, 2/31, 7/22, 9/137, 9/142
Desaposentação, 14/111
Estágio Probatório, 8/110
Férias, 6/194
Férias não gozadas. Indenização indevida, 3/127
Férias proporcionais, 8/109
Funrural, 9/146
Gratificação de Natal, 5/135
Inativos, 8/121
Isonomia, 14/33
Juiz classista, 2/34, 6/196, 7/137
Magistrado, 9/90, 9/91
Notário, 12/1
Proventos, 5/142
Servidor de Embaixada do Brasil no exterior, 10/167

Tempo de serviço. Arredondamento, 6/197
Trabalhador rural, 2/33, 7/136, 9/146, 9/147
Vale-alimentação, 5/143
Verbas rescisórias, 13/29
V. Benefícios previdenciários
V. Previdência Social

Arbitragem, 4/169

Assinatura digitalizada, 6/211, 10/90

Assistência Social, 5/147

Associação. Liberdade, 7/182

Autenticação de peças, 2/104, 4/91

Auxílio-doença, 9/17

Avulso
Competência, 9/43
Reintegração, 2/36

Benefícios previdenciários
Conversão, 5/152
Correção, 5/155
Marido. Igualdade, 5/156
Vinculação ao salário mínimo, 6/198
V. Aposentadoria e contrato de trabalho.
V. Previdência Social

Biossegurança, 12/121

Camelôs, 13/70

Cartórios
Adicional por tempo de serviço, 9/75
Aposentadoria, 12/107
Concurso público, 9/75

Células-tronco, 12/121

CIPA
Suplente. Estabilidade, 2/40, 11/19

Comissão da Conciliação Prévia, 13/83

Competência
Ação civil pública. Servidor público, 9/95
Ação civil pública. Meio ambiente do trabalho, 3/74

Acidente do trabalho, 7/56, 9/40, 9/53, 9/55, 11/57
Aposentadoria, 12/107, 12/109
Avulso, 9/56
Complementação de aposentadoria, 10/98, 11/52
Contribuição sindical rural, 11/55
Contribuição social, 11/29
Danos morais e materiais, 7/57, 9/53, 9/55, 9/56
Demissão, 9/105
Descontos indevidos, 3/75
Descontos previdenciários, 3/75, 5/57
Direitos trabalhistas. Doença profissional, 6/102
Duplicidade de ações, 8/48
Empregado público federal, 7/58
Falência, 6/119
Gatilho salarial. Servidor celetista, 6/108
Greve. Fundação pública, 11/37
Greve de servidor público, 9/110, 13/63
Habeas corpus, 6/121, 9/58
Indenização por acidente de trabalho, 5/58
Juiz de Direito investido de jurisdição trabalhista, 6/109, 8/51
Justiça do Trabalho, 2/108, 3/74, 4/71, 10/60, 10/98, 13/77
Justiça Estadual comum. Servidor estadual estatutário, 3/79, 13/63
Justiça Federal, 5/56
Legislativa. Direito do Trabalho, 3/81
Matéria trabalhista, 7/56
Mudança de regime, 6/112
Penalidades administrativas, 11/57
Relação jurídica regida pela CLT, 5/59
Residual, 5/56, 6/91
Revisão de enquadramento, 6/114
Segurança, higiene e saúde do trabalhador, 9/71
Sentença estrangeira, 9/156
Servidor com regime especial, 12/63
Servidor estadual celetista, 3/76, 4/71, 8/45
Servidor público. Emenda n. 45/2004, 9/94, 10/95
Servidor público federal. Anterioridade à Lei n. 8112/90, 4/72
Servidor temporário. Incompetência, 3/76, 11/114, 13/129
TST e Juiz estadual, 10/92

Concurso Público
　Aprovação. Direito à nomeação, 9/78
　Ascenção funcional, 9/79
　Cartório, 9/75
　Direito à convocação, 3/103
　Edital, 9/78
　Emprego público, 4/129
　Escolaridade, 8/85
　Exigência de altura mínima, 3/104, 5/117
　Inexistência. Reconhecimento de vínculo, 3/104
　Isonomia, 9/81
　Investidura em serviço público, 4/131
　Limite de idade, 3/107, 9/80
　Necessidade para professor titular, 3/110
　Preterição, 5/118
　Sociedade de economia mista. Acumulação de cargo público, 5/93
　Suspensão indeferida, 7/94
　Triênio, 9/116, 9/118, 9/122, 9/124, 9/126. 9/130, 9/132
　V. Servidor público

Conselho Nacional de Justiça, 9/83, 14/83

Conselho Nacional do Ministério Público, 9/88, 14/101

Contribuição fiscal, 4/73

Contribuição social, 5/158, 6/200, 11/29, 11/119

Contribuições para sindicatos
　V. Receita sindical

Contribuições previdenciárias, 4/73, 12/81, 14/114

Convenção n. 158/OIT, 1/31, 2/59, 5/15, 7/34, 8/17
　V. Tratados Internacionais

Cooperativas de trabalho, 11/29, 13/67

Crédito previdenciário, 11/121

Crime de desobediência, 9/70

Dano moral, 2/44, 4/33
　Acidente do trabalho, 9/53
　Base de cálculo, 9/18, 9/23, 11/19

Competência. Justa causa, 9/53
Competência Justiça do Trabalho, 9/53
Competência. Justiça Estadual, 9/55
Fixação do *quantum*, 10/32, 11/21
Indenização. Descabimento, 3/20

Declaração de inconstitucionalidade
Efeitos, 12/86
Reserva de plenário, 13/87

Deficiente
V. Portador de necessidades especiais

Depositário infiel, 4/77, 6/212, 11/29, 12/131, 13/91

Depósito prévio. Débito com INSS, 11/65

Desaposentação, 14/111

Detetive Particular
Anotação na CTPS. Mandado de Injunção. Descabimento, 7/23

Direito à saúde, 14/114

Direito à vida, 5/192

Direito Processual, 2/99, 3/69, 4/67, 5/49, 6/89, 7/49, 8/37, 9/33
Celeridade, 9/45
Prescrição. Períodos descontínuos, 3/88
Rescisória. Medida cautelar. Planos econômicos, 3/90

Direitos Coletivos, 1/47, 2/67, 3/33, 4/39, 5/33, 6/39, 7/37, 8/31, 9/23
Confederação. Desmembramento, 4/49
Desmembramento de sindicato. Alcance do art. 8º, II, da CR/88, 3/64
Desmembramento de sindicato. Condições, 3/65
Federação. Desmembramento, 4/50
Liberdade sindical, 1/49, 3/64, 4/49
Registro sindical, 1/49, 6/82
Sindicato. Desmembramento, 4/51
Sindicato e associação. Unicidade sindical, 3/67
Superposição, 4/57
Unicidade sindical, 1,52, 2/92, 3/67

Direitos Individuais, 1/15, 2/13, 3/11, 4/11, 5/13, 6/15, 7/15, 8/15, 9/15

Dirigente Sindical
    Dirigentes de sindicatos de trabalhadores. Garantia de emprego, 4/41, 10/64
    Estabilidade. Sindicato patronal, 4/43
    Estabilidade sindical. Registro no MTE, 10/68
    Garantia de emprego. Comunicação ao empregador, 3/38
    Limitação de número, 3/38
    Membro de Conselho Fiscal. Estabilidade, 7/26

Discriminação, 7/176

Dispensa, 14/22

Dissídio Coletivo
    Autonomia privada coletiva. Representatividade, 4/44
    Convenção Coletiva. Política Salarial, 7/40, 9/26
    "De comum acordo", 11/35
    Desnecessidade de negociação. *Quorum*, 3/43
    Dissídio coletivo de natureza jurídica. Admissibilidade, 3/40
    Entidade de 3º grau. Necessidade de comprovação de possuir legitimidade para propositura de ADIn, 6/49
    Legitimidade do Ministério Público, 3/46
    Negociação coletiva. Reposição do poder aquisitivo, 6/69, 9/26
    Negociação prévia. Indispensabilidade, 4/46
    Policial civil, 13/63
    Quorum real, 4/47

Dívida de jogo, 6/214

Embargos de declaração
    Prequestionamento. Honorários, 3/86

Emenda Constitucional n. 45/2004, 9/43, 9/45, 9/53, 9/58, 9/83, 9/88, 9/93, 9/94, 9/98, 9/102, 9/116, 9/120, 9/122, 9/124, 9/126, 9/130, 9/132, 9/156, 10/60, 10/95, 10/115, 11/35, 11/37, 11/57, 11/127, 12/47, 12/67, 12/81, 12/84, 12/117, 12/131

Engenheiro
    Inexistência de acumulação, 6/19
    Piso salarial, 6/20

Entidade de classe. Legitimidade, 9/33

Estabilidade
    Alcance da Convenção n. 158/OIT. Decisão em liminar, 1/31, 2/59, 5/15

Cargo de confiança. Art. 41, § 1º, da CR/88, e 19, do ADCT, 1/37, 6/54
Dirigente de associação, 6/53
Extinção do regime, 5/25
Gestante, 4/28, 6/26, 8/19, 10/35
Membro de Conselho Fiscal de Sindicato, 7/26
Servidor de sociedade de economia mista. Art. 173, I, da CR/88, 1/37, 3/113, 10/35
Servidor não concursado, 10/37
Servidor público, 3/112, 7/126
Suplente de CIPA. Art. 10, II, a, do ADCT, 1/32, 2/40, 3/18, 11/19

Estagiário, 2/137

Execução
Custas executivas, 3/82
Execução. Cédula industrial. Penhora. Despacho em RE, 1/104, 2/111
Impenhorabilidade de bens da ECT. Necessidade de precatório. Despachos em recursos extraordinários, 1/106, 4/87, 5/60, 6/115, 7/60
Ofensa indireta à Constituição. Descabimento de recurso extraordinário, 6/117, 8/76
Prazo para embargos da União, 13/133
Prescrição, 14/76

Exceção de Suspeição, 7/61

Falência
Crédito previdenciário, 11/21
Execução trabalhista. Competência do TRF, 6/119

Falta grave
Estabilidade. Opção pelo FGTS. Desnecessidade de apuração de falta greve para a dispensa, 3/24
Garantia de emprego. Necessidade de apuração de falta grave, 3/26

Fax
Recurso por *fax*, 1/114

Fazenda Pública, 11/61

Férias, 6/22, 9/93

FGTS
    Atualização de contas, 7/28
    Correção monetária. Planos econômicos, 4/17

Fiador, 9/151

Gestante
    Controle por prazo determinado, 8/20
    V. Licença-maternidade

Gratificação de Natal
    Incidência da contribuição previdenciária, 2/48

Gratificação
    de desempenho, 13/151
    de produtividade, 6/25
    direito à incorporação, 14/24
    pós-férias, 10/39

Gratuidade, 10/102

Greve
    Abusividade, 2,78, 3/50
    Advogados públicos, 12/35
    ADIn. Perda de objeto, 7/41
    Atividade essencial. Ausência de negociação, 2/81
    Fundação pública, 11/37
    Mandado de injunção, 7/41
    Multa, 2/84, 5/40
    Ofensa reflexa, 5/39
    Polícia civil, 12/54, 13/63
    Servidor Público, 2/90, 6/59, 7/41, 9/110, 10/69, 12/35, 12/39, 12/54, 14/51, 14/56, 14/60

Habeas corpus, 4/77, 6/121, 9/58

Habeas data, 5/194

Homossexual, 7/177, 10/186

Honorários advocatícios, 13/98

Horas extras, 13/31

Idoso, 11/60

Imunidade de jurisdição, 1/40, 6/123, 7/67, 8/58, 13/99

Indenização, 14/22
INFRAERO, 8/22
IPC de março/90. Incidência. Poupança, 5/195
Julgamento. Paridade, 7/90
Juros
  Taxa de 0,5%, 11/61
  Taxa de 12%, 3/121, 4/71, 9/60
Juiz Classista, 7/93, 7/105, 7/137
Justiça Desportiva, 12/97
Justiça do Trabalho
  Competência, 2/108, 3/74, 4/71, 9/53, 9/58, 9/71
  Composição, 4/80
  Desmembramento, 4/85
  Estrutura, 4/80
  Lista de antiguidade, 7/106
  Presidente de TRT, 5/197
  V. Poder normativo da Justiça do Trabalho
Legitimidade
  Central sindical, 5/35
  Confederação sindical, 4/59
  Entidade de classe, 9/25
  Sindicato. Legitimidade ativa, 4/60, 7/45
Liberdade Sindical, 1/49
  Desmembramento de sindicato. Alcance do Art. 8º, II, da CR/88, 3/64, 3/65, 4/49, 4/50, 4/51, 4/57, 6/67, 9/30, 11/44
  V. Sindicato.
  V. Unicidade sindical.
Licença-maternidade, 2/50
  Acordo coletivo, 5/23
  Fonte de custeio, 4/31
  Gestante. Estabilidade. Ausência de conhecimento do estado gravídico. Comunicação, 4/28, 6/26, 8/19
  Horas extras, 6/30
  Mãe adotiva, 4/32, 6/32
  Valor, 7/132

Litigância de má-fé, 5/63

Magistrado
Abono variável, 10/.118
Adicional por tempo de serviço, 7/108, 10/129
Afastamento eventual da Comarca, 8/89
Aposentadoria. Penalidade, 9/90
Aposentadoria. Tempo de serviço, 9/91
Docente. Inexistência de acumulação, 8/90, 9/92
Férias coletivas, 9/93
Justiça desportiva, 12/97
Parcela autônoma de equivalência, 7/109
Promoção por merecimento, 8/99
Reajuste de vencimentos, 8/103
Redução de proventos, 10/133
Responsabilidade civil, 7/122
Tempo de serviço, 9/91
Triênio, 9/116, 9/118, 9/120, 9/122, 9/124, 9/126, 9/130, 9/132

Mandado de injunção coletivo. Legitimidade, 6/133

Mandado de segurança coletivo, 8/77

Médico. Jornada de trabalho, 8/104

Medidas Provisórias
ADIn. Reedição. Aditamento à inicial, 3/125
Reedição de Medida Provisória, 2/165
Relevância e urgência, 3/124

Meio ambiente, 10/182

Ministério Público
Atuação no STF, 13/131, 13/132
Exercício da advocacia, 14/101
Filiação partidária, 10/139
Interesse coletivo, 6/134
Interesses individuais homogêneos, 7/43
Legitimidade. Ação coletiva, 10/103
Legitimidade. Contribuição Assistencial, 8/33

Negativa de prestação jurisdicional. Ausência, 5/70

Negociação coletiva. Reposição de poder aquisitivo, 6/69, 7/40, 9/26
V. Dissídio coletivo

Norma Coletiva
Alcance, 2/69
Não adesão ao contrato de trabalho, 11/40
Política salarial, 7/40
Prevalência sobre lei, 5/37
Reajuste, 3/53

Ordem dos Advogados, 10/141

Organização internacional
Imunidade de execução, 10/104
Imunidade de jurisdição, 13/99

Pacto de São José da Costa Rica, 7/183, 11/127, 11/129, 11/134, 12/131
V. Tratados Internacionais

Participação nos lucros, 12/19

Planos Econômicos
FGTS. Correção monetária, 4/17
Rescisória. Medida cautelar, 3/90
Violação ao art. 5º, II, da CR/88, 1/17

Poder Normativo da Justiça do Trabalho, 6/70
Cláusulas exorbitantes, 10/71
Concessão de estabilidade, 1/76
Conquistas, 1/77
Limitações, 1/74
V. Justiça do Trabalho

Policial militar. Relação de emprego, 9/20

Portador de necessidades especiais, 6/35

Precatório, 1/106, 2/112, 4/87, 4/96, 5/60, 5/72, 6/145, 7/60, 7/169, 9/62, 11/63, 12/89
Art. 100, § 3º, da Constituição, 6/145, 11/63
Autarquia, 9/62
Correção de cálculos, 8/67
Crédito trabalhista. Impossibilidade de sequestro, 5/72
Instrução normativa n. 11/97-TST. ADIn, 5/75, 7/69
Juros de mora. Atualização, 8/68
Juros de mora. Não incidência, 7/80

Obrigação de pequeno valor. Desnecessidade de expedição, 5/77, 7/71, 9/63
Sequestro, 6/147, 6/148, 7/74, 8/69, 8/71, 8/72, 9/65

Preposto, 7/85

Prequestionamento, 2/123, 5/79, 6/157, 7/87

Prescrição
Efeitos, 7/88
Execução, 14/76
Extinção do contrato de trabalho, 6/158
Ministério Público. Arguição, 4/100
Mudança de regime, 4/136
Períodos descontínuos, 3/88
Regra geral, 6/160, 10/108
Trabalhador rural, 4/102

Prestação jurisdicional, 2/125

Previdência Social, 3/127, 4/173, 5/135, 6/185, 7/129, 9/135
Aposentadoria. Complementação. Petrobras, 4/173
Aposentadoria. Férias não gozadas. Indenização indevida, 3/127
Aposentadoria voluntária, 8/114
Assistência Social, 5/147
Auxílio-alimentação. Extensão a aposentados, 3/130, 5/143
Benefícios. Impossibilidade de revisão, 3/128, 4/175, 5/152
Cálculo de benefícios, 7/139
Contribuição. Aposentados e pensionistas, 4/177, 5/158, 8/121, 13/154
Direito adquirido. Aposentadoria. Valor dos proventos, 4/178
Gratificação de Natal, 5/135
Trabalhador rural. Pensão por morte, 3/130
V. Aposentadoria e contrato de trabalho
V. Benefícios previdenciários

Prisão Civil, 7/183
Agricultor, 11/127
Depositário infiel, 4/77, 6/212, 11/129, 12/131
Devedor fiduciante, 11/127, 12/131
Leiloeiro, 11/129

Procedimento sumaríssimo, 4/104

Procuração *apud acta*, 4/106

Professor. Piso e jornada, 12/21

Providências exclusivas. Pedido esdrúxulo, 6/226

Radiologista, 14/38

Reajuste salarial. Inexistência de direito adquirido, 3/29

Receita sindical
  Cobrança de não filiados, 3/59, 6/82
  Contribuição assistencial. Despacho em recurso extraordinário, 1/69, 3/56, 5/42, 5/44
  Contribuição assistencial. Matéria infraconstitucional, 8/33
  Contribuição assistencial. Não associados, 9/28
  Contribuição assistencial patronal, 10/60
  Contribuição confederativa. Autoaplicabilidade, 2/95, 2/96
  Contribuição confederativa. Não associados, 7/39
  Contribuição confederativa aplicável para urbanos, 1/67
  Contribuição confederativa para associados, 1/66, 6/82
  Contribuição confederativa programática para rurais, 1/68, 6/83
  Contribuição sindical. Competência, 12/84
  Contribuição sindical para servidores públicos, 1/72
  Contribuição sindical patronal. Empresas escritas no *Simples*, 3/62
  Contribuição sindical rural, 5/44, 6/85, 11/55
  Contribuição social, 5/158

Reclamação criada em Regimento Interno, 12/91

Recuperação de empresas, 11/23, 13/33

Recurso administrativo em DRT. Multa, 3/132, 4/179

Recurso de revista
  Cabimento, 8/75
  Pressupostos de admissibilidade, 5/86

Recurso extraordinário
  Cabimento, 2/130, 4/108
  Decisão de Tribunal Regional, 9/68
  Decisão interlocutória, 9/67
  Descabimento, 4/109, 6/162, 9/67, 9/68
  Prequestionamento, 4/109
  Violação do contraditório, 4/122

Recurso impróprio, 8/76
Redutor salarial, 14/100
Regime jurídico único, 12/101
Registro público, 9/70
Registro sindical, 1/49, 8/35, 14/49
Repouso semanal remunerado
    Alcance do advérbio *preferentemente*. ADIn do art. 6º da MP n. 1.539-35/97. Art. 7º, XV, da CR/88, 1/29
Responsabilidade do Estado, 8/164
Responsabilidade subsidiária, 7/89, 14/41
Salário mínimo, 2/55, 3/11
    ADIn. Omissão parcial. Valor, 7/19
    Dano moral. Indenização, 4/33
    Multa administrativa. Vinculação, 4/34
    Pensão especial. Vinculação, 4/35
    Salário mínimo. Vinculação, 12/17
    Salário mínimo de referência, 5/29
    Salário profissional. Vedação. Critério discricionário. Aplicação da LICC, 4/36
    Radiologista, 14/38
    Vencimento, 5/130
    Vencimento básico. Vinculação, 4/37
Segurança, higiene e saúde do trabalhador, 9/100
Segurança pública, 8/164
Sentença
    Críticas à, 14/71
    Estrangeira, 9/156
Serviço militar. Remuneração, 12/27
Serviço público
    V. Servidor público.
    V. Concurso público
Servidor público
    Acumulação de vencimentos, 6/167, 10/151
    Admissão antes da CR/88, 2/139

Admissão no serviço público, Art. 37, II da CR/88. Despachos em recursos extraordinários. ADIMC da Medida Provisória n. 1.554/96, 1/91
Admissão sem concurso, 9/35
Agências reguladoras. Pessoal celetista. ADIn, 5/95
Anistia, 2/153, 2/155
Anuênio e Licença-prêmio, 3/101
Art. 19 do ADCT, 2/163, 8/88
Ascensão funcional, 9/79
Cálculo de vencimentos, 13/140
Competência da Justiça do Trabalho, 4/71, 4/72
Competência da Justiça Federal, 9/94
Concurso público, 2/148, 3/103, 6/170, 7/94, 8/85
Contratação, 11/76
Contratações e dispensas simultâneas, 3/112
Contraditório, 10/154
Contribuição social, 5/158
Demissão, 9/105
Desvio de função, 5/122, 9/106
Engenheiro florestal. Isonomia. Vencimento básico. Equivalência ao salário mínimo, 6/171
Estabilidade. Emprego público. Inexistência, 8/87
Estabilidade. Matéria fática, 7/126
Estabilidade independentemente de opção pelo FGTS, 3/112, 3/113
Estabilidade sindical, 5/123, 10/68
Exame psicotécnico. Exigência, 6/176
Exercício da advocacia, 14/101
Férias, 13/139
Gratificação, 9/109
Greve, 1/86, 2/90, 6/59, 7/41, 9/110, 11/78, 12/35, 14/51, 14/56, 14/60
Idade, 9/80
Incompetência da Justiça do Trabalho. Art. 114, da CR/88, 1/101, 7/156
Inativos, 7/103, 7/118
Inexistência de efetividade no cargo, 3/114
Isonomia, 9/81

Jornada de trabalho, 13/143
Médico, 8/104
Mudança de regime, 4/136, 5/125, 10/140
Nomeação, 9/78
Ocupante de cargo em comissão, 3/115, 13/139
Oficial de Justiça, 13/143
PIPQ, 7/118
Prestação de serviço. Administração Pública. Art. 19 do ADCT, 4/139
Promoção, 10/146
Quintos e décimos, 10/154
Reajuste de vencimentos de servidores públicos. Art. 39, § 1º, da CR/88, 1/85
Reajuste por ato administrativo, 7/120
Reajuste salarial, 10/159
Regime jurídico único, 12/101
Reserva legal, 5/127, 9/112
Responsabilidade civil do Estado, 6/177
Serventuário de Cartório, 4/142, 9/75
Servidor municipal celetista. Aplicação do art. 41 da CR/88, 3/115
Servidor temporário, 7/128, 9/111, 12/65
Sociedade de economia mista. Acumulação de cargo público, 4/144, 5/128
Tempo de serviço, 6/178
Tempo de serviço. Adicional por tempo de serviço. Atividade privada, 2/160
Tempo de serviço rural, 7/136
Temporário, 9/111, 11/114, 13/129
URV, 4/146
Vantagem *sexta-feira*, 6/181
Vencimentos de magistrados, 6/183
V. Concurso público

Sindicato
Associação sindical, 14/49
Desmembramento, 11/44
Legitimidade. Relação jurídica. Integração profissional, 7/45
Limite de servidores eleitos, 7/45
Representatividade, 9/30

Serviços a terceiros, 5/47
V. Liberdade sindical
V. Registro sindical
V. Unicidade sindical

Subsídios, 7/98

Substituição Processual
Alcance, 1/55, 7/46, 10/75
Desnecessidade de autorização, 1/62
Empregados de empresa pública, 1/64
Legitimidade, 2/98, 7/46
Servidores do Banco Central do Brasil, 1/65

Súmulas do STF, 7/143, 12/135, 13/159, 14/123

Sustentação oral, 6/164, 7/53/75

Testemunha litigante, 2/131, 3/94, 4/124

Trabalhador rural
Contribuição, 9/146
Funrural, 9/146
Menor de 14 anos, 9/147
Tempo de serviço, 9/147, 13/53

Trabalho forçado, 10/40, 13/51

Transcendência, 11/67

Tratados Internacionais
Competência para denunciar, 7/34
Hierarquia, 2/59, 12/131
V. Convenção n. 158/OIT
V. Pacto de São José da Costa Rica

Tributação, 10/171

Triênio de atividade jurídica
Liminar concedida, 9/116
Liminar negada, 9/120

Turnos ininterruptos de revezamento
Intervalo. Art. 7º, XIV, da CR/88, 1/23, 2/64, 3/30, 5/30, 6/38, 8/26

Unicidade sindical. 1/52, 2/92, 3/67, 10/76, 10/84, 11/44
V. Liberdade sindical

175

URV, 4/146

Vale-refeição
Reajuste mensal, 8/28
V. Auxílio-alimentação
V. Previdência Social.

Vale-transporte
Pagamento *in pecunia*, 14/116

Vigilantes, 13/59

Violação ao art. 5º, II, CR/88, 1/17